Spirituelle Geschichten

Thorbjörn Meyer, Ph.D.

Spirituelle Geschichten

ESSE Institut

Titel der englischsprachigen Originalausgabe: Sai Spiritual Stories, Thorbjörn Meyer, Ph.D. (ISBN 978-87-996386-0-4).

Aus dem Englischen ins Deutsche übersetzt von Siegfried Barbi.
Umschlaggestaltung: Hartmut Balzer
Illustration: Milena Kunz Bijno

Die Deutsche Bibliothek verzeichnet diese Publikation in der Deutschen Nationalbibliografie. Detaillierte bibliografische Daten sind im Internet unter http://dnb.ddb.de abrufbar.

ISBN 978-87-996386-1-1

1. Auflage 2016

Druck: Centa, Brünn, Tschechische Republik

www.esse-institut.de

In Gedenken an meinen lieben Ehemann,
Thorbjörn Meyer,
der im Juni 2009 von uns ging.

Marianne Meyer

Inhalt

Die menschlichen Werte
und Educare

Die menschlichen Werte sind als moralische Basis für die Charakterbildung ebenso nötig wie für effektive menschliche Beziehungen. Doch in der modernen Gesellschaft ist es schwierig, glaubhaft zu machen, warum man sich an die menschlichen Werte halten sollte. Folglich wurde es immer schwerer, sie zu erfassen.

Unsere Werte haben ihre Wurzeln in Religion und Kultur. Jedoch sind Kultur und Religion inzwischen eng miteinander verflochten, mit dem Ergebnis, dass der Ursprung und der eigentliche Sinn und Zweck der moralischen Standards verschwommen sind.

Die Wurzeln der vorherrschenden Kulturen und des Ethos sind in den Religionen der Vergangenheit zu finden. Die zehn Gebote und die Bergpredigt sind Beispiele aus der Bibel, die in den westlichen Ländern die Denkweise, die Rechtsprechung und die moralischen Standards stark beeinflussen. Die Veden und die Upanischaden stellen ähnliche Beispiele für Indien dar—so wie das Tao und Konfuzius für China. Für andere Teile Asiens liegen die Lehren Buddhas den moralischen Werten zu Grunde, so wie der Koran für den mittleren Osten. Nichtsdestoweniger ist die Rolle der Religionen besonders im Westen dramatisch zurückgegangen.

So versteht sich, dass der Niedergang der Rolle der Religionen in den modernen Gesellschaften einen Bedarf für neue Standards von richtig und falsch geschaffen hat. Denn ohne ein solches Bewusstsein ist es schwierig, moralische Standards voranzubringen, die die Menschen motivieren und eine zivilisierte Gesellschaft erhalten. Die Deklaration der Menschenrechte der Vereinten Nationen und zahlreiche andere Versuche in verschiedenen Bereichen sind eifrig bestrebt, gemeinsame menschliche Werte zu definieren. Es ist schwierig, sich an eine Definition der Menschenrechte zu binden, die sich nicht auf eine Reihe annehmbarer menschlicher Werte stützt.

Gleichzeitig hat die Individualisierung der Gesellschaft und der wachsende Materialismus zu einer weit verbreiteten „Was springt für mich dabei heraus?"-Einstellung geführt, was in einem Anstieg einer Kultur der Gier resultiert. In dieser egozentrierten Entwicklung wurde die Erziehung zu einem Mittel der Sicherung eines besseren materiellen Lebens für den Einzelnen reduziert.

Die Gesetzgebung und das Strafrecht an sich können die Menschen nicht dazu bringen, ihre gegenseitige Abhängigkeit zu erkennen und sich aufrichtig zu verhalten. Dementsprechend leiden die Familien, die Gemeinden und die Gesellschaft weiter, und so ist es unbedingt erforderlich, eine gemeinsame Grundlage für eine kooperativere Einstellung oder eine Kultur der menschlichen Einheit zu finden.

Um gemeinsame Werte zu finden, scheint die Lösung in der Einbeziehung der Spiritualität zu liegen, vorausgesetzt, dass dem Materialismus und dem Ego eine geringere Priorität gegeben und der Mensch im Wesentlichen als Geist akzeptiert wird. Das führt zu der Anerkennung, dass menschliche Werte bereits in den Menschen inhärent sind und nur aus ihrem Inneren hervorgebracht werden müssen.

Das Konzept von **Educare** erklärt, dass die menschlichen Werte im Inneren des Menschen angelegt sind und deshalb von innen hervorgebracht werden müssen. Konsequenterweise wird diese Perspektive in allen Formen von Erziehung wichtig: in der formalen wie in der nicht-formalen und informalen. Das heißt, formal wie in den Schulen, Hochschulen und Universitäten, nicht-formal wie in den verschiedenen Erziehungsaktivitäten in der Gemeinschaft, informal wie in jeder Art von geschriebenem Material wie Magazinen oder durch Webseiten usw. im Internet.[1]

Nach Sathya Sai Baba sind Wahrheit, Rechtes Handeln, Frieden, Liebe und Gewaltlosigkeit die fünf menschlichen Werte, die in jeder Kultur zu finden sind. Liebe ist jedoch der gemeinsame Nenner oder die gemeinsame Unterströmung aller fünf. Das lenkt den Fokus auf den Menschen als Körper und als Gefühls- und Geistwesen — mit seiner Grundidentität als Liebe oder Liebesbewusstsein. Der Mensch ist auf diese Weise eins mit einem überall gemeinsamen Bewusstsein, das Kosmisches Bewusstsein genannt werden könnte. Die ganze Menschheit teilt dieses Liebesbewusstsein, und dieses Bewusstsein hervorzubringen, hilft, den Charakter des Einzelnen zu formen und erhöht seine Fähigkeit, ein Gefühl der Einheit mit dem ganzen Kosmos zu erfahren.

Educare ist deshalb ein spiritueller Ansatz, der die Integration von weltlichem Lernstoff und weltlichen Fertigkeiten und menschlichen Werten durch ein Bewusstsein der Identität des Menschen als selbstlose Liebe betont. Der menschliche Wert Wahrheit drückt diese Identität in Gedanke und Wort aus. Diese Identität in die Handlung zu transformieren wird zu Rechtem Handeln als nächstem

---

1. Eine Beschreibung von formaler, nicht-formaler und informaler Erziehung und von Educare sind in „Global Overview of Sathya Sai Education", erschienen bei Sathya Sai World Foundation, Arcadia, CA 91006, 2007, zu finden.

Wert. Wenn Gedanken, Worte und Taten in Harmonie sind, kommt der menschliche Wert Frieden zum Tragen. Wenn es zwischen den Gedanken, Worten und Taten keinen Konflikt gibt, wird Gleichmut erfahren. Der Mensch, der Liebe als seine wahre Identität und auch als leitendes Grundprinzip der Schöpfung versteht, wird den Wunsch haben, sich und andere nicht zu verletzen. Dieses Bewusstsein führt zu Gewaltlosigkeit als Zusammenfassung der menschlichen Werte.

Liebe, **Wahrheit**, **Rechtes Handeln**, **Frieden** und **Gewaltlosigkeit** sind die fünf spirituellen Werte, die wir alle teilen. Sie können durch einen fokussierten erzieherischen Ansatz oder **Educare** hervorgebracht werden.

Diese Philosophie der menschlichen Werte erfordert eine entsprechende Pädagogik. Hier hat Sathya Sai Baba für die Verbreitung dieser menschlichen Werte fünf Methoden gegeben:

- Meditation
- Gebete
- Gruppensingen
- Geschichten erzählen
- Gruppenaktivitäten

In der Erziehung können diese fünf Methoden direkt benutzt werden oder indirekt in Unterrichtseinheiten sowie in den Lehrplan begleitenden Aktivitäten.

Auf der Grundlage einer Geschichte kann eine oder können mehrere der anderen Methoden in den Unterricht eingebracht werden. Der Erzähler kann zum Beispiel die Charaktere in der Geschichte meditieren lassen und dann zusammen mit den Zuhörern meditieren. Der gleiche Ansatz kann im Hinblick auf die anderen Methoden (Gebete, gemeinsames Singen oder Gruppenaktivitäten) genutzt werden. So kann der Lehrer die Geschichte als Einstieg zu einer oder mehreren der fünf Methoden benutzen und damit das Erleben der Zuhörer lebendiger gestalten und vertiefen.

Dieses Buch hat seinen Fokus auf dem Erzählen von Geschichten in Bezug auf die fünf menschlichen Werte und illustriert, wie ein gesteigertes Bewusstsein dieser Werte durch spirituelle Geschichten vermittelt wird. Ich benutze diese Geschichten in den Seminaren des ESSE Instituts seit zwanzig Jahren und finde, dass sie in Erinnerung behalten werden und dazu beitragen, dass die Teilnehmer diese menschlichen Werte wirklich praktizieren.

Dieses Buch handelt von erfundenen Geschichten oder Parabeln, die alle in dem Studierenden eine „Heureka"-Erfahrung auslösen können. Diese Geschichten wurden entweder von Sathya Sai Baba erzählt oder inspiriert. Viele davon sind in seinen Ansprachen oder Geschichtensammlungen und Parabeln für Kinder zu finden.[2] So weit möglich, habe ich nach jeder Geschichte die Quelle angegeben.

Das Buch bietet eine Beschreibung der fünf menschlichen Werte und von **Educare**, sowie der Kunst des Geschichtenerzählens. Es gibt eine kurze Definition eines jeden Wertes und die praktischen Aspekte in Bezug zu diesem Wert werden dargestellt. Es schließt mit einer Sammlung fiktiver Geschichten und Parabeln ab.

Meine Hoffnung ist es, dass dieses Buch als Inspiration für Lehrer und allgemein als Inspiration zum Geschichtenerzählen dienen wird. Vielleicht wird es zusätzliche, erdichtete oder andere spirituelle Geschichten generieren.

Thorbjörn Meyer
Direktor des ESSE Instituts
Mai 2009

---

2. Siehe Chinna Katha, Vol 1&2 wie auch Divine Stories, alle erschienen im Sri Sathya Sai Sadhana Trust, Prasanthi Nilayam.

Die Kunst des Geschichtenerzählens

Geschichten, Märchen und Parabeln sind schon seit Bestehen der Menschheit erzählt, geliebt und wiedererzählt worden. Der Grund dafür ist, dass sie sowohl etwas Tröstliches als auch symbolische Bedeutungen haben. Ohne Zweifel sollten sie eher erzählt als vorgelesen werden. Das Erzählen erlaubt größere Flexibilität. Zum Beispiel wird eine Geschichte dadurch geformt und wieder neu geformt, indem sie Millionen von Malen erzählt wurde. Jeder Geschichtenerzähler lässt Elemente aus oder fügt neue hinzu, um die Geschichte für sich und die Zuhörer bedeutungsvoller zu machen.[3]

Durch die Zeiten hindurch haben Legenden und Sagen Kinder und Erwachsene in ihren Bann gezogen. Die alten griechischen Legenden, die Ilias und die Odyssee, haben einen profunden Einfluss auf die Literatur des Westens gehabt. Das gilt auch für das indische Mahabharata und die Bhagavadgita genauso wie für die Parabeln aus dem Alten und Neuen Testament der Bibel. Isländische Sagen und Volksmärchen aus aller Welt inspirierten Zeitgenossen und zahllose Generationen, die folgten. Das finden wir ebenso bei den vielen Fabeln Aesops mit den bekannten Geschichten wie „Die Gans mit dem goldenen Ei", „Androkles", „Der Wolf im Schafspelz", „Der

---

3. Siehe Bruno Bettelheim, „The Uses of Enchantment", deutsch „Kinder brauchen Märchen", ISBN 3-423-08495-2.

Junge und der Wolf", „Der Fuchs und die Trauben" und vielen anderen. Die arabischen Märchen aus Tausendundeiner Nacht mit Geschichten wie „Aladin und die Wunderlampe", „Ali Baba und die vierzig Räuber", „Der Fischer und der Geist" sind alles Beispiele aus anderen Kulturen, die diese alte Tradition fortgesetzt haben. Das Gleiche ist der Fall in den Märchen der Gebrüder Grimm, bei „Rotkäppchen", „Aschenputtel", „Schneewittchen", „Hänsel und Gretel"[4] und „Schneeweißchen und Rosenrot".

Ursprünglich wurden Geschichten nur mündlich weitergegeben und erst viel später niedergeschrieben. Zum Beispiel: Obwohl Aesop etwa 560 Jahre vor Christus lebte, können einige seiner Fabeln Tausende von Jahren früher bis in das alte Ägypten zurückverfolgt werden. Zeitnähere Autoren, wie Hans Christian Andersen, Michael Ende. C.S. Lewis, J.R.R. Tolkien und Astrid Lindgren, haben mit ihren Geschichten die Faszination von Erwachsenen und Kindern fortgesetzt.

Betrachten wir all diese Geschichten aus spiritueller Sicht, öffnet sich uns ein neues und tieferes Verständnis. Wir sehen zum Beispiel,

---

4. Diese Geschichte kann ein Beispiel dafür sein, wie unterschiedlich eine Geschichte interpretiert werden kann. Psychologisch, wie Bettelheim sie interpretiert, einen Freud´schen Ansatz nutzend, kriegerisch, da sie zeigt, wie Armut und Deprivation den Charakter des Menschen beeinflussen, spirituell, da es die Liebe zwischen Hänsel und Gretel zeigt und die glückliche Vereinigung der Kinder mit den Eltern, oder sogar, wie es mir auffiel, als Metapher zugunsten von Vegetarismus, denn die Geschichte illustriert deutlich, wie der Mensch die Tiere behandelt, indem er ihnen gutes Futter, Schutz und Fürsorge gibt, nur um sie später zu essen. Das ist genau das, was die Hexe mit Hänsel und Gretel tut. Nur durch ihr erfinderisches Verhalten sind die Kinder in der Lage, sich von der Hexe zu befreien. Aber natürlich gibt es viele weitere Interpretationen dieser Geschichte. Diese Anmerkung dient nur zur Illustration, wie, in Abhängigkeit von der zur Interpretation benutzten Sichtweise, viele verschiedene Botschaften in derselben Geschichte gefunden werden können.

dass das „Hässliche Entlein" von Hans Christian Andersen, so wie viele seiner anderen Märchen („Des Kaisers neue Kleider", „Die Glocke", „Der Schatten" und „Die Schneekönigin"), eine klare spirituelle Botschaft beinhalten. Die Geschichten von Michael Ende, C.S. Lewis und Astrid Lindgren enthalten alle eine spirituelle Botschaft. So ist es auch bei Tolkien, der sich dafür einsetzt, dass ein gutes Märchen gewisse Komponenten wie Fantasie, Errettung, Flucht und Trost haben muss. Der Trost kommt in der Form des glücklichen Endes.

Dass Geschichten und Parabeln eine große Wirkung auf ein Kind haben können, ist allgemein bekannt. Bruno Bettelheim erzählt über Charles Dickens, der schrieb: „Das Rotkäppchen war meine erste Liebe. Ich hatte das Gefühl, dass, wenn ich Rotkäppchen hätte heiraten können, ich mich in perfekter Glückseligkeit gewusst hätte." Geschichten sprechen gleichzeitig alle Ebenen der menschlichen Persönlichkeit in einer Weise an, die den Geist eines Kindes genauso erreicht wie den eines hochentwickelten Erwachsenen. Wir finden also, dass eine Geschichte, ob erdichtet oder nicht, eine passende Methode sein kann, einen Wert zu erhellen.

Die Ziele des Geschichtenerzählens sind vielfältig. Geschichten können dazu genutzt werden, um Neugier, Phantasie, Vorstellungsvermögen, Empathie, Toleranz, Unterscheidungsfähigkeit und Erinnerungsvermögen zu entwickeln. Sie können auch ein besseres Selbstverständnis und die Inspiration fördern, die Herausforderungen des Lebens zu meistern.

Das wirkliche Ziel des Geschichtenerzählens besteht nicht nur darin zu unterhalten, sondern eher eine moralische oder spirituelle Lehre zu vermitteln, so wie die zuvor erwähnten menschlichen Werte. Da menschliche Werte wie Liebe, Wahrheit, Rechtes Handeln, Frieden und Gewaltlosigkeit Abstraktionen sind, ist es erforderlich, deren praktische Aspekte zu illustrieren. Geschichtenerzählen ist dazu das ideale Instrument. Eine Geschichte sollte das Bewusstsein heben und den Zuhörer inspirieren, sich gegen die weltlichen Herausforderungen zu behaupten.

Der Lehrer hat viele Quellen, aus denen er passende Geschichten schöpfen kann. Märchen, Fabeln, Volksmärchen und Parabeln sind selbstverständlich, so auch Legenden und Sagen. Sai Babas Literatur ist eine reiche Quelle, aber auch Geschichten von großen oder über große Persönlichkeiten wie Abraham Lincoln, Mahatma Gandhi, Albert Schweizer und Mutter Theresa können genutzt werden. Es gibt viele Erzählungen über heilige Männer und Frauen; Krishna, Buddha, Jesus Christus und Mohammed sind einige Beispiele. In der Sufi-Literatur können viele Geschichten gefunden werden. Die heiligen Schriften und spirituelle Literatur sind auch reiche Quellen, so wie die Geschichte, gegenwärtige Ereignisse, Gedichte, Lieder und Dramen.

Wie zuvor dargelegt, erfordert die Kunst des Geschichtenerzählens, dass die Geschichte verbal vermittelt wird. Der Geschichtenerzähler sollte Geschichten auswählen, die dem Alter und den Bedürfnissen der Zuhörer angemessen sind. Er muss sich gut vorbereiten und die Geschichte frei erzählen können. Er muss sie gerne erzählen — er muss sie lieben!

Beim Geschichtenerzählen ist die Anpassung der Stimme und die Körpersprache wichtig. Eine gute Idee ist es, im Anschluss an die Geschichte Fragen und Antworten, Rollenspiel und Sketche folgen zu lassen. Mit Kindern kann man auch entsprechende Lieder singen, Puppenspiel einsetzen, Malen oder andere kreative Aktivitäten anwenden.

Einige wichtige Hinweise für Geschichtenerzähler:

- Wähle eine dem Alter und den Bedürfnissen der Gruppe entsprechende Geschichte aus
- Mache dich mit der Geschichte vertraut
- Sorge dafür, dass sich deine Zuhörer wohlfühlen
- Sei natürlich
- Halte Augenkontakt
- Nutze Wiederholungen, um Punkte zu betonen
- Halte die Charaktere in Bewegung
- Nutze Aktionsverben und direkte Rede
- Springe nicht von einem Standpunkt zum andern
- Nutze Veränderungen der Stimmlage
- Imitiere Geräusche
- Ermuntere die Zuhörer zur Teilnahme, aber lass das nicht zur Ablenkung von der Geschichte werden
- Sage niemals: „Oh, hab ich vergessen." Wenn es wichtig ist, flechte es später ein
- Einstellungen schaffen und Beziehungen zeigen ist wichtiger, als Tatsachen mitteilen

Aber am Wichtigsten:

- Sei deine Geschichte
- Liebe deine Geschichte

Der Wert LIEBE

und entsprechende Geschichten

Der Wert **Liebe** ist das Fundament der menschlichen Werte. Sie benennt die wirkliche Essenz des Menschen. Es wird gesagt, dass Gott Liebe ist und Liebe Gott und dass der Mensch selbst göttlich ist. Sathya Sai Baba sagt: „Du bist Gott. Du bist von Gott nicht verschieden." Jesus Christus sagt: „Wahrlich, ich sage euch, das Himmelreich ist in euch." Als die Juden Jesus der Gotteslästerung anklagten, weil er sagte, dass er der Sohn Gottes sei, zitierte Jesus ihre eigenen Gesetze (die Psalmen der Thora) und sagte: „Ist nicht in euren eigenen Gesetzen geschrieben: ,Ich sagte, ihr alle seid Götter, ihr alle seid Söhne des Höchsten.'" Das zu verstehen ist schwierig, weil das Konzept von „Gott" missverstanden wird, entweder als separate Person oder als eine Art ferne transparente spirituelle Wesenheit. Aber die Realität ist, dass Gott Bewusstsein ist, Liebe ist. Wahre Liebe ist kein Gefühl, sondern sollte als eine alles durchdringende universelle Energie, ein universelles Bewusstsein verstanden werden, das in der Geschichte der Menschheit Gott genannt wurde und dem verschiedene Namen gegeben wurden. Es ist das bestimmende Prinzip des ganzen Universums und ist allgegenwärtig. Es ist überall in der ganzen Schöpfung und folglich auch die spirituelle Essenz des Menschen. Sai Baba sagt, es ist im Innern, außerhalb, vor, hinter, über, unter, neben, rechts, links – überall. Dieses Konzept von Gott fordert das Analysieren und das Verständnis des Menschen heraus, weil es jenseits der Sinne ist. Es ist im Inneren zu finden. Also muss der Mensch zur Spiritualität schauen, um zu wissen, und der Schlüssel zum spirituellen Weg ist diese Liebe. Das ist der Grund, warum Gott-Menschen, die ihre wahre Identität erkannt haben – jene, die wissen – als einzig möglichen Weg zur Verwirklichung immer das Evangelium der Liebe gelehrt haben.

Sathya Sai Baba sagt uns:

Wahrheit ist Liebe in Gedanken und Worten.
Rechtes Handeln ist Liebe in Aktion.
Frieden ist Liebe in den Gefühlen.
Gewaltlosigkeit ist Liebe im Verstehen.

Da all diese Werte abstrakte Konzepte sind, werden praktische Aspekte benötigt, um zu üben und andere zu lehren. Die folgenden wichtigen praktischen Aspekte werden Lehrern helfen, ein Verständnis von Liebe zu vermitteln.

- Selbstakzeptanz
- Selbstvertrauen
- Selbstlosigkeit
- Hingabe
- Toleranz
- Empathie (Mitgefühl, Fürsorge)
- Freude
- Liebe zum Leben

1. Nach innen schauen

Es war einmal,
zu einer Zeit, als der liebe Gott entschied, das Wissen darüber, dass der Mensch wirklich Gott ist, zu verbergen. Der Herr wollte deshalb den göttlichen Funken verbergen, damit der Mensch ihn nicht so leicht finden könne. Die Erzengel machten eine Reihe von Vorschlägen. Einer sagte: „Lasst uns den göttlichen Funken auf dem Gipfel des höchsten Berges verstecken." Doch der liebe Gott antwortete: „Nein, früher oder später wird der Mensch dort hinkommen. Das ist nicht das beste Versteck." Ein anderer Erzengel schlug vor, den göttlichen Funken am Grunde des tiefsten Ozeans zu verstecken. Aber wieder sagte der Herr: „Nein, früher oder später wird der Mensch sogar dort hinkommen. Das ist nicht das beste Versteck. „Nein", sagte der Herr, „das beste Versteck ist im Menschen selbst. Das ist der letzte Ort, an dem der Mensch suchen wird, und da werde ich ihn verstecken."

„Wahrlich, ich sage euch, das Königreich Gottes ist in euch."
Jesus Christus

Der Prophet sagte, dass die Wahrheit erklärt hat:
„Ich bin nicht in dem verborgen, was hoch oder tief ist.

Nicht in der Erde noch in den Himmeln noch im Thron.
Dies ist Gewissheit, O Geliebte.
Ich bin verborgen im Herzen der Gläubigen.
Wenn du mich suchst, suche mich in diesen Herzen."
Gedicht des berühmten Sufi-Dichters
Mevlana Jalaludin Rumi (1207-1273)

2. Der glückliche Straßenfeger

Es war einmal

ein Straßenfeger namens Beppo. Er war immer glücklich und lächelte immer. In seiner Nachbarschaft lebte ein kleines Mädchen namens Momo mit seiner Familie. Beppo war ihr Freund geworden. Da Momo ein sehr aufmerksames Mädchen war, fiel ihr auf, dass Beppo, der ja ein einfacher Straßenfeger war, immer sehr glücklich war. So sagte sie ihm eines Tages, als sie ihm begegnete: „Lieber Beppo, ich sehe so viele lange Gesichter und besorgte Menschen, sogar in meiner eigenen Familie, aber niemals bei dir. Du lächelst stets und bist immer glücklich. Bitte sag mir dein Geheimnis. Wie kommt es, dass du immer glücklich bist?"

Beppo blickte sie lange forschend an und antwortete: „Meine liebe Momo, es ist wirklich ganz einfach. Weißt du, ich stehe jeden Morgen früh auf, schon um vier Uhr, wenn du noch schläfst. Dann nehme ich ein Bad, esse etwas und mache mich fertig zur Arbeit. Um fünf bin ich schon auf der Straße. Um diese Zeit ist es noch dämmrig, und nur wenige Leute sind auf der Straße. Nur mit dem Licht der Straßenlaternen kann ich vage die lange Straße erkennen, die ich fegen werde. Dann schaue ich auf den Bürgersteig und auf genau die Gehweg-Platte, auf der ich gerade stehe. Ich fange an zu fegen, damit sie schön und sauber aussieht. Wenn ich mit meiner Arbeit zufrieden bin, schaue ich nach oben und frage in meinem Herzen den lieben Gott: ‚Lieber Gott, ich habe mein Bestes getan. Dieses kleine Stück Gehweg ist jetzt vollständig sauber und rein. Bist du glücklich und zufrieden?' Wenn ich dann in meinem Herzen höre, dass der liebe Gott glücklich ist, füge ich hinzu, dass Beppo auch glücklich ist, und nehme mir dann die nächste Platte vor. Hier wiederhole ich dieselbe Prozedur. Wenn ich wieder mein Bestes getan habe, frage ich den Herrn, und wenn er glücklich ist und ich glücklich bin, dann lächle ich und mache weiter. Siehst du, Momo, so bin ich den ganzen Tag beim lieben Gott, und da wir beide glücklich sind, erscheint der Tag wie ein ununterbrochener glücklicher Augenblick. Bevor ich es bemerke, ist es dämmrig, und der Tag ist vergangen. Ich kann nach Hause gehen. Die ganze Zeit war ich beim lieben Gott, und wir waren beide glücklich mit meiner Arbeit. Sag mir, Momo, sollte ich da nicht lächeln und glücklich sein? Nach solch einem Tag kann nichts außerhalb von mir das Licht und die Liebe, die ich erfahren habe, verderben."[5]

5. Frei nach „Momo" von Michael Ende, deutscher Philosoph.

3. Das Geschenk des Rabbi

Es war einmal

ein altes Kloster. Der Orden existierte schon seit langer Zeit, aber jetzt war nur noch dieses Kloster übrig geblieben. Darüber hinaus lebten nur noch eine Handvoll alter Mönche in diesem Kloster. Mit ihrem obersten Mönch, ihrem Prior, waren sie insgesamt zwölf. Es gab keine Novizen. Junge Männer schienen kein Interesse zu haben, dem Orden beizutreten. Deshalb waren die alten Mönche zu dem Schluss gekommen, dass der liebe Gott sie bestrafe. Sie glaubten, irgendwie müssten sie wohl etwas falsch gemacht haben, und nun würde der Orden tatsächlich mit ihnen aussterben. Jedoch konnten sie es auch nicht lassen, sich gegenseitig zu fragen: „Was haben wir falsch gemacht? Warum straft uns der Herr? Was können wir tun, um die Lage zu ändern?" So beteten die Mönche jeden Tag zum Herrn um Führung.

Jetzt gab es in der Nähe in den Bergen eine Hütte, in der hin und wieder ein alter Rabbi zu verweilen pflegte, manchmal für ein paar Tage. Mit der Zeit waren die alten Mönche so etwas wie hellsichtig geworden. Sie konnten fühlen, wenn der Rabbi da war, und pflegten einander zu sagen: „Jetzt ist er wieder da." Manchmal, an klaren, kalten Tagen, konnten sie auch den Rauch aus dem Schornstein der Hütte steigen sehen. Aber da der Rabbi von einer anderen Konfession war, nämlich dem jüdischen Glauben folgte, hatten sie niemals Kontakt zu dem Rabbi, obwohl alle spürten, dass er zweifellos ein weiser Mann war.

Eines Tages sagte einer der Mönche: „Vielleicht sollten wir den Rabbi fragen? Er ist ein weiser Mann, und vielleicht kann er uns sagen, was wir falsch gemacht haben. Warum niemand kommt, um unserem Orden beizutreten. Wir alle sind jetzt alte Männer und wir müssen das wissen, bevor es zu spät ist." Jedoch war der Rabbi ein Jude, und vielleicht war es ja auch ein bisschen blasphemisch, so zu denken, geschweige denn, so etwas zu sagen. Aber die Saat war gelegt und nach einer Weile machte ein anderer Mönch dieselbe Bemerkung. Schließlich diskutierten die Mönche untereinander dieses Thema ganz offen und einigten sich schließlich darauf, diese Frage vor den Prior zu bringen.

Als der Prior von dieser Idee hörte, war er zuerst entsetzt. „Ein Rabbi! Wie können gute, christliche Mönche eines alten, heiligen Ordens wie dem unseren sich einem Rabbi nähern, einem Priester einer anderen Religion? Aber andererseits haben unsere täglichen Gebete hinsichtlich unseres Dilemmas keine Antwort erbracht. Und wahr ist's, dass wir alle nicht jünger werden." So nahm nach einiger Zeit der Prior, als höchster Verantwortlicher des Klosters, es auf sich, mit dem Rabbi zu reden.

Früh am nächsten Morgen machte sich der Prior auf, den Berg hoch zu steigen. Es war eine lange und mühsame Wanderung für einen alten Mann wie ihn, doch nach einigen Stunden stand er vor der Hütte und klopfte an die Tür. „Wer ist da?", erkundigte sich eine sanfte Stimme aus dem Inneren der Hütte. „Ich bin's, der Prior aus dem Kloster im Tal", antwortete der oberste Mönch. „Oh, was für eine schöne Überraschung! Kommt doch herein!", sagte der Rabbi, indem er die Tür öffnete.

In der Hütte setzten sich die beiden Priester. In ihrem Gespräch ging es um Gott und Gottes Liebe, so wie man das von zwei alten Priestern, die dem Herrn ihr ganzes Leben gedient haben, wohl erwarten kann. Der Rabbi las laut Passagen aus der Thora vor, und der Prior las aus der Bibel, die er immer bei sich trug. Die beiden alten Männer lachten und weinten zusammen, während sie sich all die Ähnlichkeiten in ihrer jeweiligen Religion enthüllten. Die Zeit verging schnell und beide Männer spürten, dass sie eine wertvolle Unterhaltung gehabt hatten.

Schließlich sagte der Prior: „Es wird spät, ich muss bis Sonnenuntergang zurück im Kloster sein. Jedoch habe ich noch eine Frage an Euch. Zwischen meinen Brüdern und mir bewegen wir seit einigen Jahren den Gedanken und fragen uns, warum keine jungen Männer mehr zu uns kommen, um ins Noviziat einzutreten. Wir sind nur zwölf alte Männer, die Letzten in einem sehr alten christlichen Orden, und es sieht so aus, als ob dieser alte Orden mit uns sterben wird. Wir verstehen nicht, was wir falsch gemacht haben, dass der liebe Gott uns so straft. Nun fragen wir uns, ob Ihr, da Ihr doch sowohl gelehrt als auch weise seid, uns irgendwie helfen könnt, die rettende Antwort in unserer heiklen Lage zu finden."

Der Rabbi schaute den Prior an und sagte: „Ich kann verstehen, dass Ihr euch sorgt. Der liebe Gott hat zweifellos seine Gründe, aber es tut mir leid, ich kann Euch die Antwort nicht geben." Der Prior nickte und bemerkte: „Oh, macht Euch keine Gedanken, wir dachten nur, dass Ihr vielleicht ..." Er ging dann zur Tür, um zu gehen. Da stand der Rabbi auf und sagte: „ Wartet noch einen Moment, ich hatte gerade eine Eingebung. Ich kenne jetzt den Grund." „Ihr wisst den Grund?", fragte der Prior. „Wie wunderbar! Ich wusste, dass es einen Grund gibt, warum ich zu Euch kommen musste. Die Wege des Herrn sind wahrlich geheimnisvoll. Bitte sagt es mir jetzt gleich." „Hört zu ", sagte der Rabbi, „Tatsache ist, dass der Erlöser mitten unter euch ist. Er ist einer von euch, ist aber inkognito. Er ist in Verkleidung und will nicht, dass ihr ihn erkennt. Irgendwie müsst ihr wohl die heiligen Eigenschaften, die er von euch als Mönche in einem alten Orden erwartet, nicht so richtig zum Ausdruck gebracht haben." „Seid Ihr sicher", erkundigte sich der Prior, „kann das wirklich sein?" „Oh ja, kein Zweifel. Die Antwort kam zu mir eindeutig und klar. Jetzt geht mit Gott und kontempliert darüber. Ich bin sicher, dass Ihr mit Euren Ordensbrüdern in der Lage seid, Euch mit dem lieben Gott zu versöhnen, da Ihr jetzt die Wahrheit kennt."

Mit Tränen in den Augen dankte der Prior dem Rabbi und begann den langen Heimweg bergab zum Kloster. Unterwegs dachte er bei sich: „Der Erlöser ist unter uns versteckt, inkognito, Er ist einer von uns. Aber wer könnte das sein?" So dachte der Prior der Reihe nach an all seine Brüder: „Könnte es nicht Bruder Georg sein, der Koch? Nein, nicht möglich, Georg nimmt immer die leckersten Bissen für sich. Das würde der Erlöser nicht tun, da bin ich mir sicher. Könnte es dann Bruder Bernhard sein, der Gärtner? Nein, der ist immer so mit seinen Blumen und Pflanzen beschäftigt, dass er kaum Zeit für ein Lächeln hat. So würde der Erlöser nie sein. Da bin ich mir sicher. Könnte es denn Bruder Tobias, der Glöckner, sein? Nein, der ist halb taub vom vielen Läuten und hört nie, was andere ihm sagen. Nein, der Erlöser würde zuhören. Es kann nicht Tobias sein." Auf diese Weise ging der Prior alle Namen seiner Ordensbrüder durch. Aber es schien ihm, dass niemand in Frage kam. „Aber könnte es dann nicht ich selbst sein? Schließlich bin ich der oberste Mönch. Aber das wüsste ich doch, oder etwa nicht? Nein, ich kann es auch nicht sein."

So in Gedanken vertieft erreichte der Prior die Klosterpforte. Die Mönche hatten ihn bereits erspäht und Bruder Tobias läutete die Glocken, um die Brüder zu rufen, damit sie die Ergebnisse der Exkursion des Priors zur Hütte des Rabbis hören konnten. „Was ist passiert", riefen sie alle aus, „hast du die Antwort bekommen? Erzähl, erzähl!" Der Prior berichtete von der Antwort des Rabbi, und jetzt fingen alle mit derselben Übung an, die der Prior schon gemacht hatte, als er den Weg bergab ging. Nach einer ganzen Weile kamen sie alle zu dem Schluss, dass sie es wohl nicht herausfinden würden. „Es könnte jeder von uns sein. Wir wissen es einfach nicht", sagte der Prior.

Nach der Versammlung gingen sie alle wieder an ihre unterschiedlichen Aufgaben. Aber etwas Seltsames geschah. Alle wussten, dass der Erlöser jeder von ihnen sein konnte, und so fingen sie an, sich gegenseitig mit Hochachtung, Respekt und Liebe zu behandeln. Der Koch behielt die besten Bissen nicht mehr für sich, sondern gab sie seinen Brüdern. Der Gärtner legte Wert darauf, dass stets frische Blumen in den Zellen der Mönche waren und dass der Altar der Kapelle mit den schönsten Blumen geschmückt war. Der Glöckner konnte auf einmal hören und hörte zu, was seine Brüder sagten. Alle Mönche wandelten sich, sie lächelten und in all ihren Gedanken, Worten und Taten begegneten sie sich in Hochachtung.

Aus den Städten in der Nähe kamen regelmäßig die Lastwagen mit frischen Lieferungen an Proviant zum Kloster. Die Fahrer spürten bald den tiefgreifenden Wandel in der Atmosphäre des Klosters. Sie fanden es so angenehm, in dieser liebevollen Atmosphäre zu sein, dass sie nicht mehr zurückhetzen, sondern lieber noch etwas länger bleiben wollten. Wenn die Fahrer dann in ihre jeweilige Stadt zurückgekehrt waren, sprachen sie mit großer Begeisterung von dem Kloster, erzählten, wie erhebend es war, dort zu sein. Nach einiger Zeit begann das Geheimnis des „Licht-und-Liebe-Klosters", wie die Leute es nannten, zu immer mehr Menschen durchzusickern.

Bald kamen viel mehr Besucher in das Kloster, weil sie auch die erhebende Atmosphäre erleben wollten. Alle waren während ihres Aufenthalts in solch gehobener Stimmung, und zu Hause erzählten sie anderen von ihrer Erfahrung.

Immer mehr Besucher kamen zum Kloster, in dem für die alten Mönche jeder Tag viel Arbeit brachte. Doch weiterhin erhielten sie sich die Einstellung der Verehrung und gegenseitigen Liebe und teilten sie auch mit ihren Besuchern. Sie sahen die vielen Besucher als weitere Prüfung vom lieben Gott, und diesmal fühlten sie sich bereit, den Test zu bestehen. Sie hatten in der Tat große Freude daran, ihr Glück und ihre Liebe mit allen zu teilen. Es war, als ob das ganze Kloster vor Freude überschäumte. Nach einiger Zeit kam ein junger Mann zum Prior und fragte, ob er als Novize angenommen würde. Bald darauf kamen andere junge Männer mit demselben Wunsch zum Prior. Das Kloster war seit dem Besuch des Priors beim Rabbi völlig verwandelt. Es gab Lebendigkeit, Lachen und Liebe, und die alten Mönche dankten dem Herrn für ihr großes Glück und die Gnade, die sie erhalten hatten. Jetzt waren sie sich sicher, dass der alte Orden viele, viele weitere Jahre bestehen bleiben werde.[6]

---

6. Diese Geschichte ist eine Erzählung nach einer alten jüdischen Geschichte.

4. Die blaue Blume von Texas

Es war einmal

ein Indianerstamm, die Komantschen, der hatte einmal unter einer großen Dürrekatastrophe sehr zu leiden. Nichts wuchs mehr, die Büffel konnten nichts finden, was sie ernährte, und viele Komantschen starben vor Hunger. Sie beteten und tanzten den Regentanz, um den Großen Geist, der sich um die Schöpfung kümmert, zu besänftigen, aber nichts schien zu helfen.

Der weise Schamane jedoch wusste, warum der Stamm so leiden musste. Schon seit vielen Tagen saß er tief in Gedanken und erkannte schließlich: Der Grund für das Unglück war, dass sein Volk die Einheit des Menschen mit Gott, die Bruderschaft der Menschen und die Vaterschaft Gottes vergessen hatte. Stattdessen waren die Komantschen selbstsüchtig und undankbar geworden. Sie teilten nicht mehr und halfen sich nicht mehr gegenseitig, für die Älteren gab es keinen Respekt und die Kinder verehrten und respektierten ihre Eltern nicht mehr. Das Wissen der Vorväter war völlig vergessen.

Eines Abends erklärte der Schamane dies alles seiner Enkelin, die aufmerksam den Worten ihres geliebten Großvaters lauschte. Sie hatte danach Schwierigkeiten, in den Schlaf zu finden, da sie spürte, dass etwas getan werden müsse. In dieser Nacht hatte sie einen Traum und am nächsten Morgen rief sie alle Krieger, Frauen und

Kinder am Feuerplatz zusammen und sagte: „Brüder und Schwestern, der große Geist ist böse auf uns, weil wir vergessen haben, für einander und in der Tat auch für die Natur zu sorgen. Es gibt nicht mehr genug Liebe und Respekt unter uns. Wir müssen sofort unser Verhalten ändern und den großen Geist besänftigen, indem wir feierlich versprechen, in Zukunft achtsamer und sorgsamer zu sein. Das sollten wir dem großen Geist geloben und jeder von uns sollte das besiegeln, indem er etwas für sich sehr Wichtiges im Feueropfert."

Die Menschen dachten darüber nach und während des Tages bis spät in die Nacht wurden viele wertvolle Objekte in das Feuer geworfen. Am meisten gesegnet von all diesen Objekten war jedoch eine kleine Puppe.

Ein sehr junges Mädchen, die kleinste Komantschin, hatte sehr aufmerksam zugehört und sich das Gehörte zu Herzen genommen. Während der Nacht traf sie feierlich eine Entscheidung und früh am nächsten Morgen kam sie mit einem Gebet auf den Lippen und ihrer einzigen Puppe in der Hand zum Feuer. Die Puppe war ein Geschenk ihrer Großmutter, eine schöne kleine Puppe mit blauen Federn im Haar, die sie so sehr liebte. Sie warf sie ins Feuer, opferte von Herzen zum Wohle ihres Volkes das Beste, was sie hatte. Als das Feuer dieses reine Opfer verzehrt hatte, begann ein feiner Regen zu fallen, ein sanfter Regen, so süß, dass er alle Schwierigkeiten fortwusch. In den kommenden Tagen und Wochen regnete es sanft weiter und als die Vögel des Frühlings anfingen zu singen, erschien eine blaue Blume auf den Hängen der Hügel, eine zarte blaue Blume die niemand zuvor gesehen hatte. Sie überzog die Berghänge mit einer schönen blauen Färbung.

Niemand wusste, woher diese schönen blauen Blumen gekommen waren. Niemand, nur der Schamane und die kleinste Komantschin. Sie wussten nur zu gut, dass der Große Geist durch das Opfer, das aus einem reinen Herzen kam, sehr erfreut war.[7]

7. Eine texanische Volkssage, nacherzählt aus den Stundenplänen für die Erziehung in menschlichen Werten, eine Materialsammlung für Lehrer, Sri Sathya Sai Bal Vikas Education Trust, Prasanthi Nilayam.

5. Der gesprungene Topf

Es war einmal

ein Haus, oben auf einem Hügel, das einem reichen Mann gehörte. Das Wasser jedoch musste jeden Tag vom nahen Fluss geholt werden. Der Diener, der diese Aufgabe zur Pflicht hatte, benutzte ein Joch mit zwei Töpfen aus Ton. Wenn er mit den zwei Töpfen voll Wasser den Hang hinaufstieg, verlor einer der Töpfe ständig Wasser, da er einen Sprung hatte. So war, wenn der Diener zum Haus zurückkehrte, dieser Topf mit dem Sprung nur halbvoll.

Das ging so Tag für Tag, aber der gesprungene Topf hatte Mitleid mit dem Diener, der das schwere Gewicht von zwei Töpfen voll Wasser tragen musste, nur um mit nur einem und einem halben zurückzukehren. Den gesprungenen Topf bekümmerte das im Laufe der Zeit immer mehr und er hatte das Gefühl, ein Ärgernis für den getreuen Diener zu sein. Eines Tages, als der Diener den Hang hinaufstieg, sprach er den Diener an und sagte: „Lieber Herr, ich bin zu nichts nutze. Jeden Tag füllst du mich mit klarem Wasser und jeden Tag bin ich nur halbvoll, wenn du wieder zurück im Haus bist. Ich bin halt nur ein nutzloser Topf mit Sprung und sollte schon seit langem auf dem Abfallhaufen gelandet sein. Ich bin nicht mehr in der Lage, meinen Teil im Leben zu erfüllen. Sei so freundlich und ersetze mich durch einen nützlicheren Topf."

Der Diener hörte dem Klagen des gesprungenen Topfes zu und antwortete: „Mein lieber, lieber Topf mit Sprung, du bist überhaupt nicht nutzlos. Schau mal auf den Fußweg, den wir jeden Tag gehen, wenn ich vom Fluss zurückkomme. Auf der rechten Seite, da, wo ich dich trage, schmücken unzählige Blumen den Hang. Die sind nur da, weil du sie jeden Tag bewässerst. Du magst ja ein Topf mit einem Sprung sein, aber die gute Tat des Tages ist dein fortgesetzter liebevoller Dienst für all diese Blumen. Für mich sind die zur Freudenquelle geworden, jeden Tag, wenn ich den Hügel hinaufgehe. Deshalb freue dich, oh Topf mit Sprung, denn du gibst Leben und Freude durch deine geringe Unvollkommenheit. Also betrachte dich als nützlich."

6. Die zwei Brüder, die sich sehr liebten

Es waren einmal
zwei Brüder, die hatten zusammen ein Stück Ackerland geerbt. Ein Bruder lebte zusammen mit seiner Frau und seinen fünf Kindern in einem Haus. Der andere Bruder war nicht verheiratet und lebte allein in einem anderen Haus in der Nähe. Auf dem Land bauten sie überwiegend Weizen an. Die beiden Brüder hatten sich geeinigt, den Ertrag des Ackerlandes halbe-halbe zu teilen.

Das erste Jahr nach der Erbschaft gab es eine reiche Weizenernte und es gab keine Probleme. Das Jahr danach fiel der Ertrag mager aus und eine Nacht nach der Ernte, nachdem sie schon den Ertrag geteilt hatten, wachte der verheiratete Bruder auf. Er hatte ernsthafte Befürchtungen. Er dachte: „Ich habe eine Frau und fünf Kinder. Meine Kinder werden mich versorgen, wenn ich alt werde. Mein Bruder hat niemanden, der sich um ihn kümmert, also muss er jetzt etwas auf die Seite tun. Wie kann er das, mit seinem Teil des mageren Ertrages? Ich muss ihm helfen." Während er so dachte, stand er aus dem Bett auf, zog sich an und nahm einen Sack Weizen, den er hinüber zu seinem Bruder trug.

In derselben Nacht konnte der alleinstehende Bruder auch nicht schlafen. Er dachte: „Mein Bruder hat Frau und fünf Kinder zu versorgen. Ich habe fünfzig Prozent des Ertrages erhalten, aber mein Bruder, der Verpflichtungen gegenüber seiner Familie hat, braucht doch mehr. Ich muss ihm helfen." Mit diesen Gedanken stand er auf, zog sich an und nahm einen Sack Weizen, den er sofort zu seinem verheirateten Bruder hinübertrug. Auf dem Weg trafen sich die beiden, der verheiratete Bruder mit seinem Sack Weizen für seinen Bruder und der unverheiratete Bruder mit seinem Sack. Sie setzten sich zusammen hin und entschieden, dass sie immer für einander sorgen wollten, auch im hohen Alter.

Mir kam diese Geschichte auch in einer anderen Version zu Ohren, in der, nachdem die Ernte in zwei Hälften geteilt worden war, einer der beiden Brüder heimlich einen seiner Säcke in die Scheune des anderen stellte. Gleichzeitig tat der andere Bruder dasselbe. Danach konnte keiner von beiden verstehen, warum dieselbe Anzahl Säcke noch vorhanden war, obwohl sie doch aus dem eigenen Bestand einen Sack weggegeben hatten.

7. Die Macht der Liebe
(Die Räuber und der Yogi)

Es ereignete sich einmal,
dass Swami Yogananda mit einem Schiff nach New York kam. Es war Abend, als er durch die Hafengegend New Yorks lief. Plötzlich hielten ihn drei Räuber auf und mit vorgehaltener Pistole wurde Yogananda aufgefordert, seine Geldbörse nebst Wertsachen den Räubern zu übergeben. Yogananda lächelte einfach und sagte: „Ja, natürlich, das könnt ihr haben. Wirklich, es gehört euch!", und streckte seine Hände mit der Geldbörse aus. Während er das tat, empfand Yogananda nur Liebe und Mitgefühl für die Räuber, und diese Liebe traf sie in solcher Weise, dass sie sich gezwungen fühlten, die Waffen fallenzulassen und wegzurennen, ohne sich um die Geldbörse zu kümmern.

8. Die Fußspuren des Herrn

Es war einmal

ein frommer Mann, der sich nach dem Verlassen seines Körpers vor
Gottes Angesicht wiederfand. Sein Leben war nicht leicht gewesen
und er hatte das Gefühl, dass der Herr nicht immer an seiner Seite gewesen war. Er kannte das Zitat: „Lauf nicht vor mir her, es kann sein,
dass ich nicht folge. Folge mir nicht mit Abstand, du könntest mich
aus den Augen verlieren. Lauf immer neben mir wie ein Freund."
Deshalb sagte er zum Herrn: „Wenn ich morgens aufwachte, habe
ich mir immer vorgestellt, wie du mich an die Hand nimmst, und den
ganzen Tag lief ich Hand in Hand mit dir. Was immer ich tat, tat ich
als Gabe für dich, niemals wollte ich die Früchte meiner Handlung
für mich, da ich wusste, dass du der Handelnde bist, nicht ich. Doch
du warst nicht immer an meiner Seite. Warum?"

Der liebe Gott schenkte dem frommen Mann einen langen, mitfühlenden Blick und sagte: „Ich werde dir dein ganzes Leben zeigen,
dann wirst du sehen." Dann gewährte er dem Mann eine Einsicht
in sein Leben, wobei er seine Fußspuren auf dem Weg seines ganzen
Lebens sehen konnte. Neben seinen eigenen Fußspuren war stets
ein anderes Paar Fußspuren zu sehen. „Da schau", sagte der liebe
Gott, „die anderen Fußspuren sind meine. Ich war immer bei dir."

Der fromme Mann schaute sich sorgfältig seinen ganzen Lebensweg an. Dann bemerkte er etwas. „Schau hier", sagte er und zeigte mit dem Finger, „hier gibt es eine Strecke mit nur einem Paar Fußspuren ... und hier und hier ... das waren Zeiten, in denen meine Lebenssituation am schwersten für mich war. Das waren so leidvolle Zeiten – und ich war allein."

Der liebe Gott schenkte dem frommen Mann noch einen langen, mitfühlenden Blick und sagte: „Mein lieber Sohn, du täuschst dich, ich war immer bei dir, nur waren das Zeiten, die so schwer für dich waren, dass ich dich tragen musste. Darum siehst du nur ein Paar Fußspuren. Das sind meine! Ich war immer bei dir, vor dir, hinter dir, rechts neben dir, links neben dir, über dir, unter dir, innen, außen. Immer! Niemals warst du ohne mich. Immer warst du in meine Liebe eingehüllt. Siehst du, wir sind eins."

Das Gesicht des frommen Mannes hellte sich auf zu einem glücklichen Lächeln. Jetzt verstand er, dass er nie ohne die göttliche Liebe gewesen war.

9. Hilf immer, verletze niemals

Es war einmal
ein Prophet namens Mohammed, der lebte immer noch in Mekka,
wo er die neue Religion, den Islam, predigte. Dessen Kernbotschaft
ist: Es gibt nur einen Gott – Allah – und Mohammed ist sein Prophet. Die Lehre des Islam ist Frieden, Einheit, Gerechtigkeit, Moral
und Mitgefühl. Jedoch waren im Mekka der damaligen Zeit die
Leute Heiden, die in krassem Gegensatz zu Mohammeds Botschaft
des Monotheismus, Götterstatuen verehrten. Mohammed erzählte
den Leuten, dass der Erzengel Gabriel ihm in einer Höhle in Mekkas
Umgebung, wo er einige Zeit verbracht hatte, die Botschaften Gottes
gebracht habe. Mohammed erzählte den Leuten auch, dass er der
letzte Prophet und Botschafter des einen Gottes Allah sei. Mit einer
kleinen Gruppe von Jüngern verbreitete Mohammed die Botschaft
in Mekka. Jedoch stand das, was er sagte, im Widerspruch zu dem
Polytheismus und der materialistischen Sichtweise des Mekkas jener
Zeit, und viele Menschen bekämpften Mohammeds Islam sehr stark.
So ergab es sich, dass Mohammed zunehmend Feindseligkeiten
ertragen musste.

Auf dem Wege zu dem Ort, wo er seine täglichen Gebete zu
verrichten pflegte, musste Mohammed am Haus einer alten Frau
vorbeigehen. Diese hielt ihn für einen Volksverhetzer und Men-

schenverführer. Als sie herausfand, dass Mohammed jeden Tag an ihrem Haus vorbeikam, sammelte sie allen Müll und Abfall aus ihrem Haushalt in der Absicht, diesen sobald Mohammed an ihrem Haus vorbeikäme, während sie hinter einem Fenster im oberen Stockwerk lauerte auf ihn hinunterzuwerfen. Und so geschah es.

Mohammed schaute noch nicht einmal hoch. Er wischte sich einfach den Müll von Kopf und Schultern und ging seines Weges. Die Frau ärgerte sich sehr, dass Mohammed von ihrer Behandlung offensichtlich unbeeindruckt war, und sich eins ins Fäustchen lachend sagte sie: „Warte, warte, vielleicht kümmert es dich nicht, aber von mir sollst du nun jeden Tag diese Begrüßung bekommen."

So ging das Tag für Tag weiter, aber eines Tages bemerkte Mohammed, dass schon seit drei aufeinanderfolgenden Tagen kein Müll mehr auf ihn herabgefallen war. Deshalb fing er an, sich Gedanken zu machen: „Was ist los? Ich hoffe, die alte Frau ist nicht krank oder sonst was. Vielleicht sollte ich mal raufgehen und nachsehen?" Gedacht, getan, und so ging er in das Haus, die Treppe hinauf, wo er eine halboffene Tür fand. Er klopfte an die Tür und hörte dahinter eine schwache Stimme: „Ja, wer ist da?" Mohammed antwortete: „Mutter, ich bin's, Mohammed, der sehen will, wie es Euch geht. Darf ich reinkommen?" „Ja, ja, bitte kommt herein", antwortete die alte Dame ganz und gar überrascht. Sie lag im Bett, sah sehr blass aus und hatte offensichtlich Schmerzen. Mohammed schaute sie mit großem Mitgefühl an und fragte: „Mutter was fehlt euch?" „Ich habe hohes Fieber, keinen Appetit und kaum die Kraft, um ins Bad zu gehen." „Mutter, macht euch keine Sorgen, ich werde mich um Euch kümmern", sagte Mohammed. „Wartet einen Augenblick und ich komme mit einer Medizin für Euch zurück."

Ein paar Stunden später kehrte Mohammed mit einer Flasche Medizin zurück und sagte: „Mutter, nehmt dreimal täglich einen

Löffel voll davon, und Ihr werdet ohne Zweifel in ein paar Tagen wieder wohlauf sein. Ich werde in drei Tagen wieder hereinschauen und sehen, wie es Euch geht." Die Frau war sehr berührt von Mohammeds Liebe und Mitgefühl und weinend wandte sie sich Mohammed zu und sagte: „Ihr seid sicherlich ein Gottmensch. Wird Gott mir jemals vergeben, was ich Euch angetan habe? Bitte zeigt mir den Weg zu Gott!"

„Setzt euch nicht so herab, Mutter", entgegnete Mohammed, „wenn Ihr glaubt, dass Gott allmächtig, allgegenwärtig und allwissend ist, dann wird er niemals weit von Euch entfernt sein. Aber bloßer Gottesdienst ist nicht genug. Praktiziert selbstlose Liebe gegenüber allen, betet, seid ehrlich, dient selbstlos und praktiziert Selbstaufopferung. Dann werdet Ihr gewiss die Liebe Gottes gewinnen."

10. Liebe vergibt

Es war einmal

ein gelehrter Mann in England, Sir Isaac Newton. An seinem Schreibtisch arbeitete er an einem wissenschaftlichen Problem, dabei wendete er all seine Fähigkeiten in der Mathematik an, um es zu lösen. Den ganzen Tag hatte er gearbeitet und als es abends dunkel wurde, zündete er eine Kerze an, um richtig sehen zu können. Sein geliebter Hund, Diamant, lag scheinbar schlafend zu seinen Füßen unter dem Tisch.

Wenn es auch lange gedauert hatte, Sir Isaac konnte das Problem, an dem er nicht nur diesen Tag, sondern schon seit Wochen und Monaten gearbeitet hatte, erfolgreich lösen. Er lehnte sich in seinem Stuhl zurück und rief mit großer Erleichterung aus: „Das ist es. Warum konnte ich das nicht schon früher sehen. Ja, das ist es! Ich danke dir, Gott, dass du mir diese Lösung gezeigt hast. Sie ist so einfach und schön." Jetzt spürte er, wie der ganze Stress seinen Körper verließ, er schob seinen Stuhl zurück und stand dabei auf, wobei er seine Arme über dem Kopf ausstreckte. „Ich werde hinausgehen und etwas frische Luft schnappen und dann eine Kleinigkeit essen und trinken." Er bündelte seine Papiere und tat sie in einen Ordner zusammen mit all den Studien, die er zu diesem Thema gemacht hatte. Dann ging er nach draußen, wo er seine Lungen mit der frischen kühlen Abendluft füllte.

Diamant wachte auf, als sein Herr hinausging. Er sprang auf, um zur Tür zu gelangen und stieß dabei versehentlich an den Tisch, wodurch die brennende Kerze umfiel. Unglücklicherweise fiel sie auf den Ordner, der sofort Feuer fing. Bis Sir Isaac das Feuer bemerkte und zurückeilte, war es zu spät. Die meisten Blätter in dem Ordner, der die Forschungsunterlagen eines langen Zeitraumes enthielt, waren bereits zu Asche verbrannt.

Natürlich war Sir Isaak schockiert. Hatte er doch alle Berechnungen, Manuskripte und Notizen, und damit die Arbeit von Monaten, verloren. Er schaute Diamant an, der mit seinem Schwanz wedelnd um Zuwendung bettelte und unschuldig an den verbrannten Papieren schnupperte. „Oh, mein lieber Diamant!", rief Sir Isaac aus, „du hast das ja nicht absichtlich gemacht, wie kann ich dir dann böse sein. Du hast ja gar keine Ahnung, was das für ein Schaden ist", sagte Sir Isaac und tätschelte seinen Freund liebevoll.

11. Die Wichtigkeit
des rechten Sehens

Es war einmal

ein großer König. Die Untertanen dieses Königreiches waren ihrem Herrscher sehr ergeben, da sie ihn sowohl als klug wie auch als mitfühlend erlebten. Unglücklicherweise bekam der König Kopfschmerzen, die ihn täglich plagten. Der Leibarzt des Königs verschrieb ihm eine Medizin, die half aber dem gequälten König nicht. Nach anderen Ärzten wurde geschickt, doch auch die brachten dem König keine Erleichterung. Auch machte der Kopfschmerz ihn sehr licht- und geräuschempfindlich. So hatten die Fenster schwere Vorhänge, und jeder im Palast und in seiner Nähe musste Stille bewahren, damit der König nicht noch mehr Schmerzen bekam, als er ohnehin schon hatte. Alle im ganzen Königreich waren sehr bedrückt darüber, dass der geliebte König in solch einem qualvollen Zustand leben sollte, und alle waren darauf bedacht, ihm zu helfen, nur wusste keiner wie. Auch viele ausländische Ärzte kamen an den Hof des Königs, aber nichts schien zu helfen, bis eines Tages ein weiser Mann dem König sagte: „Eure Majestät, das Heilmittel ist eigentlich ganz einfach. Ihr müsst nur alles grün sehen. Diese Farbe hat die Wirkung einer beruhigenden Medizin,

und in eurem Falle wird sie eure Kopfschmerzen vollständig auf-
lösen." Der König hatte inzwischen einen Zustand erreicht, wo
er willens war, alles auszuprobieren, was seine Schmerzen lindern
könnte. So schickte er den Befehl aus, dass nicht nur der königliche
Palast, sondern alle Gebäude in der königlichen Hauptstadt sofort
grün zu streichen seien.

Da jedermann willens war, eifrig mitzuhelfen, fingen alle an,
alles grün zu streichen. Der König war sehr erfreut, dass seine Kopfschmerzen allmählich verschwanden und sandte nach dem weisen
Mann, denn er war ihm für seine Hilfe sehr dankbar und wollte ihm
seine Dankbarkeit zeigen. Der weise Mann, der selber kein Bürger
der königlichen Hauptstadt war, kehrte zurück und bemerkte, dass
die ganze Stadt jetzt grün gestrichen war und die Bürger damit beschäftigt waren, grüne Gardinen aufzuhängen und tatsächlich alles
grün zu färben. Er fragte einige Leute, was denn hier los sei, und sie
sagten ihm, dass sie des Königs Anordnung ausführten, der überall
grün sehen müsse, um von seiner Krankheit geheilt zu werden. Der
weise Mann eilte zu dem grünen Palast und wurde sogleich zu den
Privatgemächern des Königs gebracht. Der König kam ihm mit
einem Lächeln entgegen und sagte: „Ich habe es ja zuerst nicht ge-
glaubt, aber jetzt, wo ich alles grün sehe, sind meine Kopfschmerzen
völlig verschwunden." „Aber, eure Majestät, Ihr hättet nicht zu solch
einer extremen Maßnahme greifen müssen. Alles, was Ihr hättet tun
müssen, ist, eine Brille mit grünen Gläsern aufzusetzen."[8]

*Sathya Sai Baba sagt: Wenn ihr eine Brille mit grünen Gläsern tragt,
wird alles grün. Wenn ihr die Brille der Liebe tragt, werdet ihr überall*

---

8. Diese Geschichte wurde inspiriert durch Sathya Sai Babas Geschichte „You
cannot paint the world green" in „Chinna Katha" Vol 1

Liebe sehen. So ist die göttliche Verordnung einfach und wirksam:
Immer die Brille der Liebe auf der Nase haben!

„Alles ist Reaktion, Widerspiegelung und Widerhall.“

„Stell dir nicht vor, die andern seien verschieden,
sie sind nur du selbst in so vielen Spiegeln.“
Sathya Sai Baba

Der Wert WAHRHEIT

und entsprechende Geschichten

Der Wert **Wahrheit** benennt das Eine, das ich in meinem tiefsten Inneren bin, mein wirkliches Selbst, mein tiefstes Allerheiligstes. Ich manifestiere meine wahre Identität, die Eigenschaft der Liebe, wenn diese Liebe in meinen Gedanken und Worten gegenwärtig ist. Ich werde durch mein Gewissen geführt, wenn ich auf meine innere Stimme höre, mein innerstes Sein. Bei zunehmender Entwicklung wird diese Fähigkeit, nach innen zu hören, mit der Zeit wahre Intuition. Als Moses den lieben Gott nach seinem Namen fragte, war die Antwort: „Ich bin, der ich bin." Jesus Christus sagte: „Und ihr sollt die Wahrheit wissen, und die Wahrheit wird euch frei machen."

Einige wichtige praktische Aspekte der Wahrheit sind:

- Ehrlichkeit
- Unterscheidungsvermögen
- Selbstvertrauen
- Suche nach Wissen
- Vertrauen
- Integrität
- Intuition
- Gewahrsein/Gewissen

12. König Janaka
und der zweifelnde Mönch

Es war einmal
ein junger Mönch, der gehört hatte, dass der berühmte König Janaka vollkommen erleuchtet und deshalb immer eins mit dem Absoluten sei. Gleichzeitig hatte er aber auch gehört, dass der König sehr gewissenhaft darauf achtete, seine weltlichen Pflichten als Herrscher eines großen Königreiches zu erfüllen. Auch wurde gesagt, dass der König einmal in der Woche jeden empfangen würde, der ihn sprechen wolle. „Eins mit dem göttlichen Bewusstsein zu sein", dachte der Mönch, „ist nicht möglich, während man die zahlreichen Routineaktivitäten ausführen muss, mit denen es der Herrscher eines Königreiches zu tun hat. Die vielen weltlichen Aufgaben werden doch die ganze Aufmerksamkeit des Königs beanspruchen. Wie kann er dann dauernd eins mit dem Absoluten sein? Jemand, der erleuchtet ist, muss doch das Leben eines Einsiedlers führen, nicht das eines Haushälters."

In dem Glauben, der König sei entweder ein Aufschneider oder das, was er gehört hatte, könne nicht die Wahrheit sein, beschloss der junge Mönch, König Janaka mit einer Frage zu konfrontieren. Er ging deshalb in die Hauptstadt des Königreiches, nach Ayodhya, um eine Audienz beim König zu bekommen.

Nach einiger Zeit des Wartens wurde ihm die Audienz beim König gewährt. Der König fragte ihn: „Was kann ich für dich tun, was ist dein Auftrag?" Der junge Mönch erwiderte: „Eure Majestät, mir wurde gesagt, dass Ihr eins seid mit dem Einen und deshalb beständig die höchste Wahrheit erkennt. Ich würde gern wissen, wie das möglich ist, wenn Ihr Euch als verantwortungsvoller Herrscher eines großen Königreiches um all die weltlichen Aufgaben kümmern müsst. Seid so freundlich und erklärt es mir." König Janaka lächelte und antwortete: „Mein lieber Mönch, mit größtem Vergnügen will ich dir die Einheit von Diesem und Jenem verständlich machen. Aber zuerst musst du etwas für mich tun, dann wirst du die Antwort haben." Der Mönch war ganz aufgeregt ob dieser Antwort und sagte: „Eure Majestät, ich werde alles tun, um Eure Antwort zu verstehen. Sagt mir, was ich tun soll."

König Janaka nahm nun einen goldenen Becher und füllte ihn sorgfältig bis zum Rand mit dickflüssigem, gelblichem Öl. Sodann sagte er: „Mein guter Mönch, ich möchte, dass du nach draußen gehst und entlang der Palastmauer um den ganzen Palastkomplex herum gehst. Dann komm wieder zu mir. Jedoch darfst du nicht einen Tropfen dieses kostbaren Öls verschütten. Wenn du das schaffst, wirst du die Antwort auf deine Frage haben."

Der junge Mönch tat, wie ihn König Janaka angewiesen hatte, und fing an, um die Palastgebäude herum zu gehen. Seine ganze Aufmerksamkeit war auf die Flüssigkeit in dem goldenen Becher gerichtet. Er wollte nicht einen einzigen Tropfen verschütten, um die Antwort auf seine Frage zu bekommen. Auf dem Weg kam er an der königlichen Garde vorbei, die gerade mit lautem Getöse einen besonderen Marsch einübte. Neben der königlichen Garde standen zwölf königliche Elefanten aufgereiht. Sie wurden mit bunten Farben und Ornamenten geschmückt und für die Parade zu Ehren des Königs fertig gemacht. Dann kam er an einer Gruppe Tempeltänzerinnen vorbei, die traditionelle, von Trommeln begleitete Tänze einübten. Eine riesige Statue des Gottes Shiva wurde gerade von einer anderen Gruppe Tempeltänzerinnen mit Girlanden dekoriert. Schließlich kam er an einer Menschenmenge vorbei, die in die königliche Schatzkammer Einlass begehrte, und daneben machte ein Fakir Kunststücke mit einem Seil, um die Aufmerksamkeit der Menge zu fesseln.

Schließlich hatte der junge Mönch seine Tour um all die Palastgebäude beendet und war nun bereit, in den königlichen Gemächern vor den König zu treten. König Janaka schaute ihn an und sagte: „Jetzt, mein guter Mönch, musst du mir ganz genau berichten, was du gehört und gesehen hast, während du um den ganzen Palast gelaufen bist." „Aber Eure Majestät", erwiderte der junge Mönch, „ich habe nichts gehört und nichts gesehen. Meine ungeteilte Aufmerksamkeit war auf das Öl im goldenen Becher gerichtet und ich bin sicher, dass ich nicht einen einzigen Tropfen verschüttet habe. Es ist noch alles drin."

„Nun siehst du", erwiderte König Janaka, „auf die gleiche Weise, wie du es geschafft hast, zu tun, was ich dir aufgetragen habe, und auf dem Weg, vorbei an vielen bunten Ereignissen mit Musik und Trommeln, wirklich nichts anderes als das wertvolle Öl im Blick zu haben, genauso erfülle ich meine weltlichen Verantwortlichkeiten und konzentriere doch all meine Aufmerksamkeit auf das Eine ohne ein Zweites. Siehst du, es gibt nur Eins. Dies ist die höchste Wahrheit. Wenn du immer eindeutig ausgerichtet, auf diese Wahrheit konzentriert bist, wird das die wirkliche Grundlage für Rechtes Handeln werden, in welcher Pflicht du auch immer handeln musst.

Der junge Mönch senkte den Kopf. Er hatte jetzt verstanden.

13. Ein heiliges Versprechen

Es war einmal

ein Dieb, der versteckte sich in einem alten Tempel, weil er dort in der Nacht die wertvollen rituellen Gerätschaften stehlen wollte. Im Schrein gab es mehrere Altargefäße und Altarleuchter aus reinem Silber.

Als die Dunkelheit der Nacht hereingebrochen war, fing der Dieb an, die schweren Altarleuchter in seinen Sack zu stecken. Aber weil es dunkel war, ließ es sich nicht vermeiden, dass ein Kerzenleuchter mit ohrenbetäubendem Lärm auf den Boden fiel. Er sah, wie in dem Nachbarhaus, in dem der Priester lebte, ein Licht anging, und aus Angst, erwischt zu werden, steckte er die beiden Kerzenständer in seinen Sack und verließ den Tempel.

Nur wenig später stellten zwei Polizisten den Dieb auf der Flucht. Sie verlangten zu sehen, was er in dem Sack hatte. Der Dieb wurde blass, musste aber seinen Sack öffnen und die zwei schweren silbernen Kerzenleuchter zeigen. „Was ist das?", fragte einer der Polizisten. „Die hat mir der Priester im Tempel gegeben", erwiderte der Dieb, wohl wissend, dass die Polizisten ihm nicht glauben und bald die Wahrheit herausfinden würden. In diesem Augenblick erschien der Priester am Ort. Er hatte das Geräusch im Tempel gehört und gerade noch einen Blick auf den Dieb erhascht, und war ihm mit der

Lampe gefolgt. Der Polizist erkannte den Priester und sagte: „Dieser Mann behauptet, dass Ihr ihm die zwei silbernen Kerzenhalter gegeben habt, aber wir sind überzeugt, dass er ein gewöhnlicher Dieb ist." Der Priester sah den Polizisten an und dann mit einem durchdringenden Blick den Dieb und sagte: „Oh ja, das ist wirklich wahr. Ich habe diesem Mann die zwei Kerzenleuchter als Geschenk gegeben. Die kann er behalten." Die Polizisten waren erstaunt, akzeptierten aber des Priesters Worte und verließen den Ort des Geschehens.

Der Dieb war überrascht und sehr angerührt. Niemand hatte ihm jemals zuvor solche Liebe gezeigt. Niemand hatte sich jemals ihm gegenüber so edel verhalten. Er sagte zu dem Priester: „Vater, Ihr seid ein sehr guter Mensch. Ich hätte nichts aus dem Tempel stehlen sollen. Bitte nehmt diese Kerzenleuchter zurück." Der Priester erwiderte: „Mein guter Mann, ich werde sie dir abkaufen. Da ich der Polizei gesagt habe, dass sie dir geschenkt wurden, gehören sie jetzt dir. Jedoch fehlen sie auf dem Altar." Mit diesen Worten holte er ein schweres, ledernes Portemonnaie unter seiner Robe hervor und sagte: „Ich werde dir den aktuellen Wert zahlen, und du wirst dabei besser bedient sein, als wenn du sie an Hehler verkaufst, die gestohlene Waren für den Bruchteil ihres Wertes kaufen. Aber das werde ich nur tun, wenn du mir versprichst, eine deiner schlechten Angewohnheiten aufzugeben."

Der Dieb erkannte, dass der Priester wirklich ein heiliger Mann war. Spontan kniete er nieder und sagte: „Vater, ich schulde Euch viel. Ich werde gewiss tun, was Ihr sagt. Wenn ich darüber nachdenke, habe ich drei wirklich schlechte Angewohnheiten. Eine ist, ich stehle. Ich kann das aber nicht aufgeben, weil Stehlen mein Beruf ist, die einzige Fähigkeit, die ich entwickelt habe, und ich kann meine Frau und meine Kinder nicht ernähren, wenn ich nicht stehle. Auch trinke ich Alkohol, aber nur, um zu vergessen, dass ich ein Dieb bin, also wird es sehr schwierig für mich, auch das aufzugeben. Meine dritte schlechte Angewohnheit ist, dass ich lüge. Ich kann niemandem sagen, dass ich ein Dieb bin. So wie ich gerade die Polizei einfach angelogen habe, habe ich die Angewohnheit zu lügen, um nicht gefangen genommen und ins Gefängnis gesteckt zu werden. Aber Lügen wäre die Angewohnheit, die ich am leichtesten aufgeben könnte. Ich kann immer einfach still sein. Ich bin willens zu versprechen, dass ich von jetzt an aufhören werde zu lügen. Ich werde immer die Wahrheit sagen."

Der Priester lächelte und akzeptierte das Versprechen. Er zahlte dem Dieb eine beträchtliche Summe, segnete ihn und ging.

Obwohl die Summe beträchtlich war, reichte sie doch nur eine Weile. In der Zwischenzeit gingen dem Dieb viele Gedanken durch den Kopf. Er kam zu dem Schluss, dass er, ohne zu lügen, früher oder später in Schwierigkeiten geraten würde. So plante er einen wirklich großen Diebstahl, so groß, dass er nie wieder würde stehlen müssen. Auf diese Weise könnte er sein Versprechen halten und den Schwierigkeiten aus dem Weg gehen.

Nun hatte der König seinen Palast in der Stadt, und er war sowohl als guter wie auch als sehr reicher König bekannt. So dachte der Dieb, dass er, würde er nur Zugang zur Schatzkammer des Königs bekommen, so viel Gold und so viele Juwelen stehlen könnte, dass damit sein Traum wahr werden würde. Auch dachte er, dass der reiche König einen Teil dieses Reichtums leicht verschmerzen könnte. Er fing an, den Palast jeden Tag zu beobachten, um den Weg in die Schatzkammer herauszufinden.

Der König wollte gerne wissen, was in seinem Königreich so vor sich ging. Er hatte sich daher angewöhnt, in Verkleidung außerhalb des Palastes umherzugehen, dem, was die Leute sagten, zuzuhören und gelegentlich mit den Leuten zu sprechen, die er auf seinem Weg traf. Er wurde bald des Diebes gewahr, der sich jeden Tag in der Nähe des Palastes aufhielt. Eines Tages sprach er den Dieb an und sagte: „Ich habe bemerkt, dass du jeden Tag hier bist. Warum bist du hier?" Der Dieb erwiderte: „Ich bin hier, weil ich ein Dieb bin, und ich will mit dem Stehlen aufhören. Damit ich das aber kann, brauche ich viel Geld, damit es bis an mein Lebensende reicht. Ich habe vor, in die Schatzkammer des Königs einzubrechen und genug Gold und Juwelen zu nehmen, damit ich mir den Traum erfüllen kann." Der König, der in seiner Verkleidung nicht zu erkennen war, war von der Ehrlichkeit des Diebes überrascht. Er antwortete ihm: „Du hast großes Glück, denn ich bin auch ein Dieb und ich habe es geschafft, eine Kopie des Schlüssels zur Schatzkammer des Königs zu bekommen. Komme morgen Abend hierher, dann können wir zusammen auf Diebestour gehen."

Während des Tages entfernte der König seine Wachen, damit sie freien Zugang zur Schatzkammer hätten. In der Nacht verkleidete er sich wieder und traf sich mit dem Dieb. Er übernahm die Führung auf dem Weg zur Schatzkammer, öffnete die schwer beschlagene Tür und zog eine Lampe hervor. Es zeigte sich, dass die Schatzkammer voll mit Gold und Juwelen war und sie fingen an, die Preziosen gleichmäßig aufzuteilen: „Eins für dich, eins für mich. Eins für dich und eins für mich." Jeder der beiden hatte einen großen Sack. Als alles in den Säcken verschwunden war, blieb ein sehr großes Schmuckstück übrig. „Das können wir nicht teilen", sagte der König, „warum lassen wir das nicht einfach hier? Wir haben doch sowieso genug, auch ohne dieses." Der Dieb stimmte zu und sie ließen das große Schmuckstück in der Mitte des Fußbodens zurück. Der König gab dem Dieb einen Decknamen und die Adresse seiner Jagdhütte und fragte ihn auch nach seinem Namen und seiner Adresse. „Für den Fall, dass wir mal wieder zusammenarbeiten wollen", sagte der König. „Nein, mein Freund, ich habe jetzt genug für den Rest meines Lebens. Aber du kannst meinen Namen und meine Adresse haben. Du hast bewiesen, dass ich dir vertrauen kann, also bist du uns willkommen, wenn du uns eines Tages besuchen willst. Vielen Dank und auf Wiedersehen so weit", sagte der Dieb und ging.

Am nächsten Morgen saß der König wieder auf seinem Thron und gab Audienz, als sein Premierminister angerannt kam, offensichtlich sehr aufgeregt. „Eure Majestät", japste er, „ich komme direkt aus der Schatzkammer. Da wurde eingebrochen und alles ist weg." „Erzähl mir alles", sagte der König. „Ich ging heute früh meinen täglichen Inspektionsgang", antwortete der Premierminister. „Ich schloss die Tür zur Schatzkammer auf und ging hinein. Sie war völlig leer. Es war nichts mehr da." „Bist du dir da ganz sicher?", sagte der König, „völlig leer?" „Ja, mein Herr." „Und du bist ganz allein hineingegangen?", fragte der König? „Ja, mein Herr, ich erlaube niemandem, außer Euch und mir, den Zutritt".

Da befahl der König seiner Garde, den Premierminister zu durchsuchen, und überraschenderweise hatte der Premierminister ein sehr großes Juwel in einer seiner Taschen. „Was ist dies?", fragte der König, und mit Tränen in den Augen gestand der Premierminister, dass er gedacht hatte, die Diebe hätten dieses eine Juwel verloren, da ja alles andere weg war, und dass er der Versuchung nicht widerstehen konnte, sich dieses zu nehmen.

Der König sandte jetzt die Garde zum Haus des Diebes und ließ ihn in den Thronraum bringen. Als der Dieb kam, fragte der König, ob er aus der Schatzkammer gestohlen hätte? Der Dieb, der den König nicht als seinen Kumpanen erkennen konnte, erzählte die ganze Geschichte und ließ nichts aus, erwähnte sogar das eine große Juwel, das er und sein Freund auf dem Fußboden zurückgelassen hatten.

Da sagte der König: „Hier ist ein Mann, der nicht lügt. Dem kann ich vertrauen, aber meinem eigenen Premierminister nicht. Deshalb ist der Premierminister mit sofortiger Wirkung nicht mehr in meinen Diensten, und der ehrliche Dieb wird ab sofort mein neuer Premierminister sein."

Jetzt hatte der Dieb eine sehr gute Position. Dadurch, dass er das Lügen aufgab, erreichte er alles, wovon er geträumt hatte. Er musste nicht mehr stehlen und musste nicht mehr trinken, um zu vergessen. So konnte er durch das Aufgeben einer schlechten Eigenschaft, die anderen schlechten Eigenschaften auch aufgeben.

Eine seiner ersten Aufgaben als Premierminister war es, den König zu überzeugen, dem Tempel und dem Priester eine großzügige Spende zukommen zu lassen, denn da hatte alles begonnen, mit seinem Diebstahl der zwei Altarleuchter. Der weise Priester wurde ein hoch geschätzter Berater des Königs und seines Premierministers.[9]

---

9. Diese Geschichte wurde durch eine Geschichte inspiriert, die von Sathya Sai Baba erzählt wurde und in „Chinna Katha", Vol I, zu finden ist.

14. Der goldene Adler

Es war einmal

ein Lehrer namens John. John war ein eifriger spiritueller Sucher. Er hatte einen Guru, der ihn die Meditation und das Beten gelehrt hatte, und John nutzte viele Stunden jeden Tag für seine spirituelle Disziplin. Sein einziger aufrichtiger Wunsch war es, eins zu werden mit dem Einen, mit dem Göttlichen zu verschmelzen. Oh, das wünschte er sich so sehr! So sehr!

Eines Nachts fuhr er aus dem Schlaf hoch und war hellwach. Etwas Wunderbares war geschehen. Am Fußende seines Bettes saß ein riesiger Vogel, ein goldener Adler. Er sah John geradewegs an und fing – Wunder über Wunder – an zu sprechen. Der goldene Adler sagte: „John, steige auf meinen Rücken, ich werde dich hinbringen."

John war sich sofort bewusst, dass dies Garuda, der Himmelsvogel, war, und er zögerte nicht. Er stieg auf den Rücken des riesigen Vogels und los ging es, aufwärts, in unbekannte Reiche. Am Anfang bemerkte John, dass da Leute um ihn herum waren. Das Licht war gedämpft und die Atmosphäre schien schwer und deprimierend. John sah einen Mann, der mit Geldzählen beschäftigt war. Obwohl der goldene Adler direkt an ihm vorbeiflog, merkte er das noch nicht einmal. Seine ganze Aufmerksamkeit hatte er auf die Geldbündel vor sich gerichtet. Wie sie so weiterflogen, bemerkte John, dass das

Licht immer heller wurde, und John erkannte, dass der goldene Adler ihn durch die „Lokas", oder die sieben Himmel, brachte. In allen dieser sieben Himmel sah er Leute, aber niemand schien den goldenen Adler mit seinem Passagier zu bemerken.

Nach einiger Zeit hielt der Vogel an. Sie waren an einem Ort angekommen, wo das Licht extrem hell war. Der goldene Adler drehte seinen Kopf und schaute John an, während er sagte: „Wir sind da. Du kannst jetzt absteigen." John stieg vom Rücken des riesigen Vogels herunter und wurde eines großen goldenen Tores in der Ferne gewahr. Der Vogel schaute ihn wieder an und sagte: „ Ja, das ist es, geh hin!"

John war sehr aufgeregt, als er auf das goldene Tor zuging. Es gab keinen Zweifel. „Das ist es, dafür habe ich all die Jahre gebetet. Endlich bin ich angekommen. Ich bin in der Tat gesegnet." Johns Atem ging schwer, als er die rechte Hand hob und an die Tür klopfte. Klopf, klopf, klopf. Vor Aufregung fast atemlos wartete John und fragte sich: „Was wird nun geschehen?" Dann hörte er eine weiche und melodiöse Stimme hinter der Türe drei Worte sagen: „Wer ist da?"

John konnte es kaum länger ertragen. Das Herz schlug ihm vor Aufregung bis zum Hals. Bum! Bum! Es fühlte sich für ihn so an, als würde er gleich platzen, als er mit lauter aufgeregter Stimme, beinahe als Schrei, erwiderte: „Ich bin es, John, der Lehrer!"

Für einen kurzen Augenblick war es nur still. Dann sagte die Stimme von drinnen in weichem und liebevollem Ton: „Es tut mir so leid, hier ist nur Platz für einen." Als er diese Antwort hörte, verlor John alle Hoffnung und war ganz verzweifelt. Eine Sekunde lang schloss er die Augen und versuchte zu verdauen, was da gerade mit ihm geschah. Als er die Augen öffnete, fand er sich wieder in seinem Bett. Das goldene Tor und der Adler – alles vorbei! „Was habe ich falsch gemacht?", dachte John. „Ich war so nah dran und jetzt bin ich wieder hier in diesem weltlichen Elend. Was habe ich falsch gemacht?"

Diese Geschichte könnte auf verschiedene Weise vertieft werden. Zum Beispiel durch Fragen wie: „Was passierte dann mit John?" Die Teilnehmer können dazu in Gruppen an der Aufgabe arbeiten, für diese Geschichte einen Schluss zu finden. Wie die meisten der anderen Geschichten kann diese auch als Rollenspiel oder auch als Theaterstück aufgeführt werden. Mit Kindern kann sie auch in Bildern oder Zeichnungen dargestellt oder als Puppentheater aufgeführt werden. Schon viele Jahre habe ich diese Geschichte erzählt, als mir das folgende Gedicht des berühmten Sufi-Dichters Mevlana Dschelaluddin Rumi (1207-1273) in die Finger kam:

Einer ging an die Tür des Geliebten und klopfte an.
Eine Stimme fragte: „Wer ist da?"
Er antwortete: „Ich bin es."
Die Stimme sagte: „Es ist kein Platz für mich und dich."
Die Tür war verschlossen.
Nach einem Jahr der Einsamkeit und Entbehrungen kam er zurück und klopfte an.
Die Stimme aus dem Innern fragte: „Wer ist da?"
Der Mann sagte: „Du bist es."
Die Tür wurde ihm geöffnet.

Wenn du Erde denkst, bist du Erde;
Wenn du Gott denkst, bist du Gott;
Wie der Mensch denkt, so ist er.
Sathya Sai Baba

15. Die verlorene Nadel

Es war einmal
eine alte Frau. Die saß in ihrer Stube und nähte etwas. Als es dunkel zu werden begann, verlor sie unglücklicherweise ihre Nadel und konnte sie nicht wiederfinden.

Später am Abend fand ein Passant die alte Frau auf ihren Knien unter einer Straßenlaterne, wo sie offensichtlich etwas suchte.

„Was suchen Sie denn?", fragte der Passant, bereit, der alten Frau zu helfen.

„Meine Nadel suche ich, die ich verloren habe", war die Antwort der alten Frau.

„Wo ist sie denn heruntergefallen?", fragte der Passant.

„Zu Hause in meinem Zimmer", antwortete die alte Frau und zeigte auf das Haus hinter ihnen.

„Warum um Himmels Willen suchen Sie dann hier?"

„Weil hier mehr Licht ist!"

Die Geschichte illustriert, dass die meisten Menschen nicht wissen, wo sie hinschauen sollen, wenn sie Erleuchtung suchen. Sie kommt auch als eine der berühmten Sufi-Geschichten vor, nur ist es hier keine Nadel, sondern ein Schlüssel, der verloren gegangen ist.

In einer anderen Sufi-Geschichte wird die Notwendigkeit einer Führung, um die Wahrheit zu finden, auf folgende Weise hervorgehoben: Ein weiser Mann rief eines Nachts aus: „Ich kann im Dunkeln sehen!" „Das kann ja sein", meinte ein anderer, „aber sag mir doch bitte, warum trägst du dann eine Kerze?" Der weise Mann antwortete: „Um zu verhindern, dass andere mich anrempeln."

Über die Wahrheit schrieb der berühmte Sufi-Dichter, Mevlana Dschelaluddin Rumi, (1207 - 1273): „Ich versuchte, ihn zu finden am Kreuz der Christen, aber er war nicht dort. Ich ging zu den Tempeln der Hindus und zu den alten Pagoden, aber ich konnte nirgendwo eine Spur von ihm finden. Ich suchte ihn in den Bergen und Tälern, aber weder in der Höhe noch in der Tiefe sah ich mich imstande, ihn zu finden. Ich ging zur Kaaba in Mekka, aber dort war er auch nicht. Ich befragte die Gelehrten und Philosophen, aber er war jenseits ihres Verstehens. Ich prüfte mein Herz, und dort verweilte er, als ich ihn sah. Er ist nirgends sonst zu finden."

16. Der dicke Junge

Es war einmal

eine Mutter, die mit ihrem Sohn allein lebte. Sie stand vor einer Herausforderung, die zu bestehen ihr sehr schwierig erschien. Ihr Sohn war übergewichtig. Er liebte Süßigkeiten und kalte Getränke mit zu viel Zucker. Ständig aß er irgendwelche Süßigkeiten. Kein Wunder, dass er dann keinen Appetit hatte, wenn die Mutter ihm gute und nahrhafte Mahlzeiten servierte. „Iss nicht so viele Süßigkeiten", sagte die Mutter, aber der Junge hatte nicht das Gefühl, dass er tun müsste, was seine Mutter ihm sagte, und die Mutter liebte ihn zu sehr, um ihren Worten Nachdruck zu verleihen.

So wusste die Mutter nicht mehr, was sie tun sollte. Nun war es aber so, dass die Familie einen Guru, einen Lehrer, hatte, der ein sehr weiser Mann war. Die Mutter dachte: „Wenn nur unser Guru meinem Jungen sagen würde, dass er nicht so viele Süßigkeiten essen solle, dann würde er dem Rat sicherlich folgen und unsere Probleme wären vorbei." Folglich ging die Mutter den Guru besuchen, um ihn um Rat zu fragen.

Der Mutter wurde ein Platz angeboten, und der Guru fragte Amma[10]: „Warum bist du so aufgeregt? Was ist los? Sag mir, was kann

---

10. In Indien werden ältere Frauen oft als „Amma" angesprochen, was Mutter bedeutet. Jüngere Frauen werden als „Auntie" (Tante) oder „Sister" (Schwester) und Männer als „Uncle" (Onkel) oder „Brother" (Bruder) angesprochen.

ich für dich tun?" Weinend erwiderte die Mutter: „Oh Meister, mein Sohn isst zu viele Süßigkeiten und wird dabei immer dicker. Das ist nicht gut für ihn. Also hab ich ihn aufgefordert, damit aufzuhören, aber er hört nicht auf mich. Wenn Ihr ihm das nur sagen würdet, dann, bin ich mir sicher, fühlte er sich verpflichtet, Eurem Gebot zu folgen." Sehr zur Überraschung der Mutter antwortete der Guru: „Sicherlich werde ich helfen, aber komme in zwei Wochen wieder und bringe deinen Sohn mit."

Wenn du auf etwas warten musst, was dir sehr wichtig ist, scheint die Zeit still zu stehen. Die zwei Wochen zogen sich hin und während der ganzen Zeit fragte sich die Mutter: „Warum hat er mir diese Antwort gegeben? Warum sollte ich zwei Wochen lang warten? Das verstehe ich nicht." Endlich war die Zeit um. Wieder ging die Mutter zum Guru, und dieses Mal brachte sie ihren Sohn mit. Beide saßen vor dem Guru, der mit viel Liebe den Jungen ansah. Nach einer Weile sagte der Guru zu dem Jungen und betonte dabei jedes einzelne Wort: „Junge, du musst mit der schlechten Gewohnheit, zu naschen, aufhören. Du musst völlig aufhören. Verstehst du das?" Der Junge sah etwas überrascht aus, spürte aber die Ernsthaftigkeit in der Stimme des Gurus und nickte mit dem Kopf. Dann sagte er: „Ja, Meister, euer Wunsch ist mir Befehl."

In den folgenden Tagen und Wochen hielt er sein Versprechen ein, und die Mutter war sehr glücklich, konnte aber immer noch nicht verstehen, warum sie zwei Wochen hatte warten müssen, bevor der Guru ihrem Sohn diese wichtige Botschaft geben konnte. Als sie das nächste Mal zum Guru ging, fand sich die Gelegenheit, ihn zu fragen: „Meister, bitte sagt mir, warum habe ich zwei Wochen warten müssen, bevor Ihr meinem Sohn sagen konntet, dass er aufhören muss, Süßigkeiten zu essen?" „Amma", antwortete der Guru, „die Antwort auf deine Frage ist ganz einfach. Weißt du, bevor ich dem

Jungen sagen konnte, er solle mit dem Essen von Süßigkeiten aufhören, musste ich erst einmal selbst damit aufhören, denn die Wahrheit ist, dass ich selbst gerne Süßigkeiten mag, und hier hast du mir die Gelegenheit gegeben, mit dieser Angewohnheit aufzuhören, aber ich brauchte etwas Zeit zum Üben. Wie könnte ich ihn auffordern, eine Gewohnheit aufzugeben, wenn ich selbst ein Opfer davon bin? Aber nach zwei Wochen ohne Süßigkeiten habe ich ihm aufrichtig sagen können, dass er damit aufhören soll."[11]

11. Die Inspiration zu dieser Geschichte ist in „Chinna Katha", Vol II, in der Geschichte „Practice and Preach" zu finden.

17. Der wundersame Hund

Es war einmal

ein Jäger, der seinen Jagdhund sehr liebte. In der Jagdsaison gingen sie jeden Sonntag zum nahegelegenen See und versteckten sich in den Binsen, um auf die vorbeifliegenden Enten zu warten.[12] Wenn die Enten angeflogen kamen, schoss der Jäger (peng!); er war ein guter Schütze und traf fast nie daneben. Wann immer ein Vogel in den See fiel, zeigte er mit dem Finger in die Richtung, schaute den Hund an und sagte: „Apporte."[13] Dann schwamm der Hund hinaus zu der Ente, holte sie und legte sie seinem Meister zu Füßen.

So verbrachten der Jäger und sein Hund viele schöne Sonntage zusammen. Jedoch leben Hunde nicht so lange wie Menschen und irgendwann verstarb der treue Hund. Der Jäger fühlte sich ganz verlassen. So sehr hatte er seinen Hund geliebt. Der Hund war nicht nur ein guter Sportskamerad gewesen, sondern tatsächlich sein bester Freund. Jetzt erlebte er, wie sehr er an den Hund gebunden gewesen

---

12. Der Erzähler kann die Zuhörer dazu animieren, immer dann das Geräusch vorbeifliegender Enten zu simulieren, wenn der Erzähler dazu das Signal gibt.
13. Den Hörern kann gesagt werden, dass „Apporte" in der Sprache der Jäger „geh und bring her" bedeutet. Nachdem die Ente abgeschossen ist, steht der Jagdhund mit erhobener Pfote in Startposition und signalisiert, dass er auf das Kommando des Jägers wartet, um loszulaufen und das Wild zu holen.

war, und seine einsamen Sonntagsspaziergänge in der schönen Natur konnten in keiner Weise die frühere Kameradschaft zwischen ihm und seinem Hund ersetzen.

Die Nachbarn und Freunde des Jägers konnten sein langes Gesicht nicht übersehen. Sie alle wollten ihm helfen. Eines Tages sprach einer von ihnen den Jäger an und sagte: „Ich habe gerade gehört, dass kürzlich im Nachbardorf ein alter Jäger gestorben ist. Er hatte einen jungen und gut ausgebildeten Jagdhund. Ich dachte sofort an dich. Die Witwe wird wahrscheinlich den Jagdhund verkaufen wollen. Warum gehst du nicht mal hin? Vielleicht werdet ihr ja handelseinig und du kannst wieder auf die Jagd gehen."

Gesagt, getan. Der Jäger ging ins Nachbardorf zu der Witwe. Sie einigten sich auf einen anständigen Preis und der Jäger ging mit seinem neuen Hund wieder zurück. Schon am nächsten Tag testete er den Hund, indem er einen Stock warf, und sobald er „Apporte" gesagt hatte, holte der Hund den Stock und brachte ihn zu den Füßen des Jägers. So ging, als der Sonntag kam, der Jäger mit seinem neuen Hund wieder zum See.

Sie versteckten sich in den Binsen und warteten darauf, dass die Enten vorbei flögen. Nach einiger Zeit erschienen die Enten über dem See, machten das charakteristische Geräusch, das Enten gewöhnlich machen. Der Jäger schoss (peng!) und eine Ente fiel in den See. Der Jäger sagte: „Apporte" und zu seiner Verwunderung rannte der Hund tatsächlich über die Oberfläche des Wassers, hob den toten Vogel auf, rannte über die Oberfläche des Sees zurück und lieferte das Wildbret zu seinen Füssen ab.

„Was ist das denn? Unglaublich!", dachte der Jäger, „bin ich nicht mehr Herr meiner Sinne? Das kann doch nicht wahr sein! Das muss ich nochmal versuchen, und dann schau ich aber genau hin." Wieder wartete der Jäger mit seinem Hund geduldig und natürlich in tiefem

Schweigen, um die wilden Vögel nicht zu verschrecken. Nach einiger Zeit hörten sie wieder das vertraute Geräusch von Enten, die über den See fliegen. Der Jäger zielte sorgfältig und schoss (peng!). Eine Ente fiel in den See. Der Hund schaute erwartungsvoll auf den Jäger, der dann „Apporte" sagte und unter der genauesten Beobachtung des Jägers sauste der Hund ab wie ein Wirbelwind. Wieder rannte er über die Wasseroberfläche, hob die tote Ente auf und rannte wieder auf der Wasseroberfläche des Sees zurück und lieferte den Vogel bei den Füßen des Jägers ab.

„Das ist ein wundersamer Hund", dachte der Jäger. „Der ist tatsächlich in der Lage, über das Wasser zu laufen. Wer wird mir das glauben? Ich selbst kann es kaum glauben, wo ich es doch zweimal mit eigenen Augen gesehen habe. Wenn ich das den anderen im Dorf erzähle, werden sie mir nicht glauben, dass ich einen Wunder-Hund habe. Was kann ich tun, damit sie mir glauben? Ich kann sie doch nicht alle hierherbringen. Sie würden so viel Lärm machen, dass sie alle Wildenten verscheuchen würden." Dann hatte der Jäger eine glänzende Idee. Ihm fiel ein, dass der Oberbürgermeister der Ortschaft selber Jäger war. „Wenn ich den einlade und er das sieht, wird er es allen anderen sagen. Und weil er der Spitzenpolitiker ist, vertrauen sie ihm, wo sie ihn doch selbst gewählt haben, oder etwa nicht? Auch kennt er jeden und spricht mit allen und jedem. Ja, genau, das werde ich tun."

Der Jäger konnte es kaum erwarten und sofort am nächsten Tag ging er zum Oberbürgermeister. Im Rathaus musste er im Vorzimmer warten, aber als Jäger wusste er, wie man geduldig ist. Schließlich wurde ihm eine Audienz gewährt und er sagte: „Herr Oberbürgermeister, Sie gehen gerne auf die Jagd, nicht wahr?" „Ja, das ist wahr", antwortete der Oberbürgermeister. „Warum fragen Sie?" „Nun", sagte der Jäger, „ich muss Ihnen etwas Außergewöhnliches zeigen, etwas wirklich Außergewöhnliches. Warum kommen Sie nicht nächsten Sonntag mit an den See, dann können Sie es selbst sehen?" Der Oberbürgermeister schaute in seinen Terminkalender und sagte: „Nun, mein guter Mann, ich bin ein vielbeschäftigter Mann, wie Sie sich vorstellen können. Nächsten Sonntag kann ich Sie nicht begleiten. Aber in zwei Wochen habe ich etwas Zeit zwischen den Terminen. Wäre Ihnen das recht?" Der Jäger war nicht sehr glücklich mit der Terminverschiebung, aber er stimmte dem Treffen in zwei Wochen zu. Die beiden Männer verständigten sich dann über Zeit- und Treffpunkt.

Der Jäger kehrte nach Hause zurück. Er ging am nächsten Sonntag wie gewöhnlich zur Jagd und alles geschah genauso wie zuvor. Er hatte wirklich einen Wunder-Hund, aber er hatte niemanden, mit dem er diese erstaunliche Wahrheit teilen konnte. Die Zeit verging, besser gesagt, die Stunden zogen sich ziemlich hin.

Endlich kam der Tag. Der Oberbürgermeister, der Jäger und der Hund gingen zu dem See. Sie versteckten sich in den Binsen und dort warteten sie einige Zeit schweigend, bis sie das Geräusch der Enten hörten, die über den See fliegen. Der Jäger, sehr höflich, ließ dem Oberbürgermeister den ersten Schuss (peng!) aber nichts passierte. Der Oberbürgermeister hatte danebengeschossen. Sie warteten wieder geduldig, und als der nächste Schwarm Enten über den See flog, schossen sie beide (peng! peng!). Ein Vogel fiel herunter, mitten in den See. Niemand weiß, wer getroffen hatte, aber der Jäger rief aus: „Guter Schuss, Bürgermeister! Guter Schuss!" Dann deutete er zur Mitte des Sees und sagte: „Apporte" zu seinem Hund. Schnell rannte der Hund über die Oberfläche des Sees, holte den Vogel heraus, und nachdem er auf der Oberfläche des Sees zurückgelaufen war, lieferte er die Ente zu Füßen seines Meisters ab.

Der Jäger schaute auf den Oberbürgermeister, aber der Oberbürgermeister schaute nur zurück, ohne etwas zu sagen. Nach ein paar Sekunden schaute der Jäger den Oberbürgermeister wieder fragend an und sagte laut: „Na?" Noch immer sagte der Oberbürgermeister nichts. Das war für den Jäger zu viel. Also fragte er den Oberbürgermeister mit lauter Stimme: „Mein Herr, seien Sie bitte so freundlich, mir zu sagen, ob Sie nichts Besonderes an meinem Hund bemerkt haben, überhaupt nichts?"

Mit einem etwas verwirrten Gesichtsausdruck antwortete der Oberbürgermeister: „Ja, in der Tat habe ich etwas Seltsames bemerkt: Ihr Hund kann nicht schwimmen!"

„Der Mensch erkennt nicht, dass er nur sieht, was er sehen will. Er kann nicht weiter sehen, als seine Bedürfnisse es erfordern."
Yoga Marga, SSS, Vol. X

18. Die Wissenschaft der Zeichen

Es war einmal

eine Zeit, in der die Kunst, Zeichen zu machen und Ideen durch Zeichen zu kommunizieren, als besondere Wissenschaft betrachtet wurde. Das war der Fall im alten Indien. Einige gelehrte Pandits pflegten in diesem Fachgebiet der Zeichen besondere Studien zu machen. Diese wurden dann „Mudra Shastra" genannt.

Ein gelehrter König förderte alle Künste. So waren viele Poeten, Musiker, Künstler und Pandits gerne an seinem Hof, und des Königs Ruhm mehrte sich wegen der gelehrigen Ansprachen und Diskussionen, die regelmäßig an seinem Hofe stattfanden. In einem Nachbarland lebte ein Pandit, der sich in der Wissenschaft der Zeichen spezialisiert hatte. Er war ein großer Gelehrter in dieser Wissenschaft. In Diskussionen mit anderen aus diesem Fachgebiet konnte er stets alle besiegen. Alle hatten Angst, sich mit ihm über ein Thema auseinanderzusetzen, weil niemand gewinnen konnte.

Da glaubte der gelehrte Pandit, er wäre in der Wissenschaft der Zeichen tatsächlich erfahren und fähig genug, so dass er dem König im benachbarten Königreich bekannt machte, er würde an einem bestimmten Tag seinen Hof besuchen, um einen Gelehrtenwettstreit über „Mudra Shastra" mit den Pandits des Hofes zu führen. Sollten diese gewinnen, wolle er all seine Titel ihnen übereignen und gehen.

Andernfalls sollten der König und seine Pandits ihn als den größten Pandit anerkennen.

Am Hofe des Königs gab es Pandits aus allen Bereichen der Literatur, aber es gab keinen einzigen Pandit, der sich in der Wissenschaft der Zeichen auskannte. Was sollte man da machen? Der König wollte eine Niederlage nicht anerkennen, da sich der Königshof bester Reputation erfreute, und die wollte der König nicht verlieren. So hielt er mit allen Pandits an seinem Hof eine Konferenz, um einen Weg aus dem Dilemma zu suchen. Alle waren besorgt, und niemand wusste, was zu tun wäre. Schließlich machte ein schlauer Pandit den Vorschlag: „Eure Majestät, wir können tun, was wir wollen, wir können uns dem ‚Mudra'-Pandit nicht in einer Diskussion stellen und erwarten, dabei zu gewinnen. So lasst uns versuchen, ihn mit einem Trick zu besiegen. Lasst uns einen gewitzten Mann als Pandit verkleiden und den ‚Mudra'-Pandit einladen, mit ihm die Diskussion zu führen. Wer weiß, was geschehen wird, durch seine Gewitztheit könnte unser Mann die Diskussion gewinnen. Da es ja ein Trick ist, riskieren wir keine Niederlage, selbst wenn unser Mann besiegt wird."

Jedermann war mit dem Vorschlag einverstanden, und auch der König stimmte zu, es zu versuchen. Ein alter schlauer Schäfer wurde zu diesem Zweck ausgewählt. Er wurde angewiesen, nicht ein Wort zu sagen, sondern in der Begegnung mit dem gelehrten Pandit nur Zeichen zu verwenden. Der Schäfer wurde aufs Feinste als Pandit verkleidet. Die Tatsache, dass er nur ein Auge hatte, ebenso wie seine große, aufrechte Gestalt, unterstützte seine würdevolle Erscheinung.

Als der „Mudra"-Pandit am Hof ankam, wurde er mit den gebotenen Ehren empfangen und dem Schein-Pandit vorgestellt. Der König sagte: „Oh, weiser Mann, bitte diskutiert mit unserem Pandit. Wir sind gewillt, uns an eure Bedingungen zu halten. Wenn

Ihr gewinnt, werden wir Euch als den Besten anerkennen. Wenn er gewinnt, werdet Ihr all Eure Titel ihm übertragen müssen."

Die zwei Pandits saßen sich von Angesicht zu Angesicht gegenüber und begannen ihre schweigende Diskussion. Der König schaute mit den anderen sehr aufmerksam zu.

Der „Mudra"-Pandit hob eine Hand und zeigte einen Finger. Eine Zeit lang starrte der Schäfer mit seinem einzelnen Auge intensiv darauf, dann hob auch er langsam die Hand und zeigte zwei Finger. Das Gesicht des „Mudra"-Pandits zeigte ein anerkennendes Lächeln. Wieder hob er die Hand und zeigte drei Finger. Diesmal zögerte der Schäfer nicht. Er schloss alle Finger und zeigte seine Faust.

Sofort stand der „Mudra"-Pandit auf und fiel dem Schäfer mit großem Respekt zu Füßen. Dann übergab er ihm alle Titel, indem er laut die Gelehrsamkeit und die Weisheit des einäugigen Pandits ausrief. Er verabschiedete sich von dem König und verließ den Hof. Der ganze Hof war erstaunt. Sie konnten nicht verstehen, was geschehen war. Die echten Pandits folgten dem „Mudra"-Pandit und aus Neugier fragten sie ihn, als er den Hof verließ: „Mein Herr, dürfen wir wissen, um was es in der Diskussion ging? Wir konnten nicht folgen, weil wir diese Wissenschaft nicht kennen. Deshalb bitten wir um eine Erklärung."

Der „Mudra"-Pandit war noch in Ekstase. Wieder lobte er die große Weisheit des königlichen Pandits und sagte: „Ah, was für ein Gelehrter! Nie zuvor habe ich solch einen Experten in dieser Wissenschaft und auch nicht solch einen großen Philosophen getroffen." Der „Mudra"-Pandit fuhr fort: „Zuerst zeigte ich ihm einen Finger, um zu sagen, dass Gott einer ist. Euer Pandit erwiderte mit zwei Fingern und zeigte damit an, dass es zwei gibt, die individuelle Seele und die universelle Seele, Jivatman und Paramatman. Dann

83

zeigte ich mit meinen drei Fingern, dass Jivatman, Paramatman und Ishvara zusammen drei sind. Euer weiser Pandit antwortete mir durch das Schließen aller Finger und das Zeigen seiner Faust, womit er hervorhob, dass diese drei in Wirklichkeit eins sind. Ah, tatsächlich groß ist seine Weisheit."

Die Hofgelehrten waren hocherfreut, verabschiedeten sich von dem „Mudra"-Pandit und kehrten zum König zurück und berichteten ihm, was sie gehört hatten. Jetzt wollte der König mit seinen Gelehrten natürlich wissen, was der Schäfer von dieser Diskussion verstanden hatte. Der Schäfer war sehr erfreut über seinen Auftritt, denn nicht nur hatte er den Ruf des Königs und seines Hofes gestärkt, auch hatte er eine reiche Belohnung vom König erhalten. Auf die Frage nach dem Inhalt seiner Diskussion mit dem „Mudra"-Pandit erwiderte er in bester Laune: „Meine werten Herren, dieser ,Mudra'-Pandit war sehr unhöflich und beleidigend, aber in Wirklichkeit hat er sich als Feigling herausgestellt. Zuerst hat er einen Finger gehoben und mich verspottet, weil ich nur ein Auge habe. Mit zwei Fingern habe ich es ihm klar heimgezahlt und angezeigt, dass mein einzelnes Auge so gut ist wie seine zwei Augen. Aber er hat damit nicht aufgehört. Er hat mich nochmals beleidigt, mir drei Finger gezeigt und damit angedeutet, dass wir zusammen drei Augen haben. Ich wurde über diese Unverschämtheit wirklich so zornig, dass ich ihm meine Faust zeigte, um anzudeuten, dass er damit gleich eins auf die Nase kriegt, wenn er mich weiter beleidigen würde. Da hat der Feigling Angst bekommen und ist mir zu Füßen gefallen."

Der König und seine Pandits hielten sich darüber vor Lachen die Seiten und waren sich einig, dass sie mit dem gewitzten, schlauen Scheinpandit für diese Diskussion großes Glück gehabt hatten.

Diese Geschichte kann in westlichem Zusammenhang zum Beispiel auch so erzählt werden: „Vor langer, langer Zeit, als Europa noch in viele Königreiche aufgeteilt war, gab es einmal einen Wissenschaftler, der praktizierte Semiotik, die Wissenschaft der Zeichen, was zu der damaligen Zeit bedeutete, unter Benutzung der Hände ohne Worte zu kommunizieren. Er war sehr erfahren in dieser Wissenschaft und betrachtete sich selbst als Meister der Semiotik." Ab da kann die Geschichte wie oben weitergehen, nur beim Treffen des Meisters der Semiotik mit dem einäugigen Schäfer (dem Scheinwissenschaftler) symbolisiert der eine Finger den Vater, die zwei Finger den Vater und den Sohn, und die drei Finger den Vater, den Sohn und den Heiligen Geist.

19. Die Geschichte der USS Enterprise

Es war einmal,
mitten im Pazifischen Ozean, da dampften die Spezialeinsatzkräfte der amerikanischen Siebten Flotte vorwärts. An der Spitze des Zuges von fast zwanzig Kreuzern und Zerstörern war der Super-Flugzeugträger USS Enterprise, der Stolz der Flotte.

Es war eine dunkle, stürmische Nacht und auf der Brücke war der Vizeadmiral Myers. Plötzlich kam der Wachhabende und sprach den Vizeadmiral an: „Sir", berichtete er, „da ist ein Objekt gerade voraus, genau auf unserem Kurs." „Nun", erwiderte der Vizeadmiral, „Sie senden eine Nachricht, dass sie den Kurs ändern müssen." „Aye, Aye, Sir." Der Wachhabende nahm Haltung an, grüßte den Vizeadmiral und ging.

Nach einer Weile kam der Wachhabende wieder auf die Brücke. Er war ziemlich nervös, weil die Antwort, die er zu überbringen hatte, möglicherweise nicht das war, was der Admiral zu hören erwartete. Der Wachhabende nahm Haltung an, grüßte seinen Vorgesetzten und sagte: „Sir, ich habe eine Antwort auf die Nachricht erhalten. Die lautet: ‚Es ist besser, wenn Sie den Kurs ändern!'" Jetzt wurde der Vizeadmiral unwillig und fuhr den Wachhabenden an: „Sie senden ihm jetzt diese Nachricht: ‚Ich bin Vizeadmiral Myers, an Bord des Super-Flugzeugträgers USS Enterprise, und ich befehlige die Spezialeinsatzkräfte der amerikanischen Siebten Flotte mit achtzehn Kreuzern und Zerstörern. Ich befehle Ihnen jetzt, den Kurs zu ändern, denn die Siebte Flotte ändert ihren Kurs nicht." „Aye Aye, Sir!", grüßte der Wachhabende und stürmte davon.

Nach einer Weile kam der Wachhabende zurück und sah ein bisschen blass aus. In Habachtstellung stotterte er: „SSSir, ttttuuuut mmir sehr leid, diese Nachricht habe ich bekommen: ‚Sir, ich verstehe, dass Sie ein sehr hochrangiger Marineoffizier in Ausführung einer Aufgabe mit großer Verantwortung sind. Ich bin nur ein einfacher Seemann, ohne besondere Ausbildung und Position, aber mit allem Respekt, Sir, es ist immer noch besser, wenn Sie den Kurs ändern. Wissen Sie, ich bin hier der Leuchtturmwärter.'"

20. Der Heilige,
der um ein Glas Milch bat

Es war einmal

ein Heiliger, der eine Stadt besuchte, in der eine Menge Menschen seiner Ansprache zuhörten. Er sprach über Gott und wie man ein rechtschaffenes Leben führt. Nach der Ansprache machten sich einige Störer unter den Zuhörern über ihn lustig und sagten: „Sir, Sie sprechen über Gott, als ob er existieren würde. Aber sagen Sie uns, wo ist er? Wir können ihn nicht sehen, nicht hören, noch bekommen wir in irgendeiner Weise eine Bestätigung dafür, dass das, was Sie sagen, wahr ist. Zeigen Sie uns diesen Gott, von dem Sie immer sprechen, und wir werden Ihren Empfehlungen folgen. Wenn Sie das nicht können, verlassen Sie bitte unsere Stadt und verschonen Sie uns mit Ihren Moralpredigten."

Der Heilige sah die zweifelnden Heiden an, die offenbar nur gekommen waren, um Probleme zu machen. Dann sagte er: „Bevor ich euch antworte, seid so freundlich und bringt mir ein Glas Milch."

Die Störenfriede schauten verwundert, brachten aber herbei, wonach der Heilige gefragt hatte. Als er das Glas Milch erhalten hatte, hielt er es hoch und sprach: „Wir wissen alle, dass Butter aus der Milch kommt, aber seid so freundlich und zeigt mir die Butter in dem Glas Milch." Die Störenfriede antworteten: „Was für eine dumme Frage, natürlich können wir die Butter nicht sehen. Zuerst muss doch die Milch sauer werden, und wenn sie dann gequirlt wird, dann kann man die Butter sehen."

„Genau", sagte darauf der Heilige, „genauso muss der Mensch sich wandeln, bevor er möglicherweise das Göttliche ergründen kann. Gott ist hier, unsichtbar wie die Butter in der Milch, und jene, die glauben, werden wissen, dass er immer da ist, überall, allwissend und allmächtig. Um Gott zu sehen, braucht ihr das dritte Auge, das Auge der Weisheit. Nur mit euren begrenzten Sinnen könnt ihr Gott nicht sehen. Es ist dasselbe wie mit Sonnenaufgang und Sonnenuntergang. Wenn ihr den Sinnen vertrauen könntet, würdet ihr tatsächlich glauben, dass die Sonne nachts verschwindet, nur um am nächsten Morgen wieder zu erscheinen. Aber für jene, die wissen, verschwindet die Sonne niemals. Die Erde ist es, die sich um ihre eigene Achse dreht und die Illusion vom Erscheinen und Verschwinden der Sonne hervorruft. Deshalb solltet ihr euch von euren Zweifeln und Begrenztheiten im Verstehen frei machen und stattdessen nach innen schauen und nach und nach wird euch die Wahrheit enthüllt."[14]

---

14. Diese Geschichte von Sathya Sai Baba ist in „Chinna Katha", Vol I, unter dem Titel „Where is God" wiedergegeben.

21. Der Elefant des Königs
und die fünf blinden Männer

Es war einmal

ein großer König. Der besuchte gerade eine der größten Städte seines
ausgedehnten Königreiches. Es gab eine große Prozession und der
König selbst ritt auf einem wunderbar geschmückten Elefanten,
gefolgt von einer Militärkapelle und seinem Hofstaat und berittenen
Soldaten.

Eine große Menschenmenge war zusammengekommen, um
das wundervolle Spektakel anzuschauen, und darunter waren auch
fünf blinde Männer. Wie es so ist, hatten sie keine Ahnung, was ein
Elefant wirklich ist und laut unterhielten sie sich darüber: „Was ist
ein Elefant? Ist das ein seltenes Tier? Wie sieht der aus?" Einer der
Männer aus dem Hofstaat hörte das und sprach die fünf blinden
Männer an: „Männer, ich kann eure Neugier verstehen. Ich werde
dafür sorgen, dass ihr den Elefanten aus der Nähe erlebt und mit
eigenen Händen fühlen könnt. Dann wisst ihr, was ein Elefant ist.
Kommt morgen früh um zehn Uhr in die königlichen Stallungen,
und alles wird bereit sein." Die fünf blinden Männer waren höchst
erfreut und versprachen zu kommen.

Am nächsten Tag kamen die fünf blinden Männer zu den königlichen Stallungen und wurden zum Elefantenstall durchgelassen. Sie

durften ganz nah an das riesige Tier, damit sie es mit den Händen berühren konnten.

Ein blinder Mann betastete den Rüssel und rief aus: „Ah, ein Elefant ist wie eine große fette Schlange." Ein anderer blinder Mann berührte das Ohr des Elefanten, das der Elefant ständig in Bewegung hielt und sagte zu sich: „Oh, ein Elefant ist wie ein Fächer." Der dritte blinde Mann befühlte die Seite und sagte: „Ein Elefant ist wie eine Wand." Der vierte blinde Mann legte seine Hände an eines der Beine des Elefanten und fand, dass ein Elefant wie eine Säule sei. Der fünfte blinde Mann betastete den Schwanz des Elefanten und sagte: „Ein Elefant ist eigentlich ein Seil."

Nachdem sie den Elefanten nun mit ihren eigenen Händen erfühlt hatten, wollten sie ihre Erfahrungen austauschen. Das endete in einer hitzigen Debatte, da sich die fünf blinden Männer nicht darüber einigen konnten, wie ein Elefant wirklich aussieht.[15]

---

15. Der Geschichtenerzähler könnte hier eine Schlange, einen Fächer, eine Wand, eine Säule und ein Seil skizzieren und zeigen, dass durch das Zusammenfügen der fünf Teile man nichts erhält, das auch nur vage einem Elefanten ähnelt. Dies mag zu der Frage führen, wie man das Ganze erfassen kann, wenn man nur die Teile kennt. Wie kann jemand die Totalität der Wahrheit erfassen, wenn er nur Stücke und Teile davon erfahren hat, sozusagen die materielle Widerspiegelung der Wahrheit? Ein weiterer Ansatz könnte sein, den Mann aus dem Hofstaat die fünf blinden Männer zum Tee einladen zu lassen, nachdem sie den Elefanten abgetastet haben, wobei er ihren Ausführungen zuhört. Eine Aufgabe könnte dann sein: „Wie wird der Gastgeber den blinden Männern erklären, wie ein Elefant wirklich aussieht?" Eine andere Frage ist: „Was symbolisiert der Elefant und warum fünf blinde Männer?"
In der Sufi-Tradition wird die Geschichte „Der Elefant im Dunkeln" genannt, wobei die Männer nicht wirklich blind sind, aber noch nie einen Elefanten gesehen haben, sie werden in die königlichen Stallungen eingeladen. Jedoch findet das Treffen bei Nacht statt, und da es in den Ställen stockdunkel ist, müssen die fünf Männer den Elefanten ertasten, mit demselben Ergebnis, das die fünf Blinden erfahren haben.

22. Der Kaufmann,
der Gott austricksen wollte

Es war einmal
ein indischer Kaufmann, der das Gefühl hatte, dass sein Leben zu
Ende ging. Sein ganzes Leben war er von seinem Geschäft in An-
spruch genommen worden und für Gebet und Gottesdienst war nur
wenig Zeit gewesen. Jedoch als Hindu wusste er, dass der letzte Gedanke eines Sterbenden entscheidend für seine nächste Inkarnation
sein würde. Aber der Kaufmann hatte entsprechend Vorsorge getroffen, indem er allen seinen fünf Söhnen göttliche Namen gegeben
hatte. Wenn seine letzte Stunde kommen und er auf dem Totenbett
liegen würde, wäre seine letzte Handlung, sich von seinen Söhnen zu
verabschieden, und durch das Aussprechen ihrer göttlichen Namen
in diesem entscheidenden Moment könnte er sich eines gesicherten
nächsten Lebens gewiss sein.

Inzwischen war die Zeit gekommen und der gute Kaufmann
lag nun auf seinem Sterbebett, umgeben von seinen fünf Söhnen.
Mit letzter Kraft begann er, sie zu verabschieden. Er sagte: „Lebt
wohl, meine Söhne, lebe wohl, Shiva, lebe wohl, Rama, lebe wohl,
Krishna, lebe wohl, Vishnu, lebe wohl, Brahma, ich segne euch
alle." Einer nach dem anderen antworteten die Söhne respektvoll:

„Gute Reise, Vater." Plötzlich schaute der Kaufmann ein bisschen verwundert und fragte: „Seid ihr alle hier?" „Ja, Vater, wir sind alle hier", antworteten sie. „Aber, aber, wer kümmert sich dann um das Geschäft?", rief der Kaufmann entsetzt aus. Mit der allerletzten Kraft, die ihm noch blieb, atmete er zum letzten Mal und starb.

23. Die schmutzige Wäsche
des Nachbarn

Es war einmal

eine Hausfrau, die immer, wenn die Nachbarin die Wäsche aufhängte, ihren Kommentar dazu abgab: „Schau", sagte sie dann zu ihrem Ehemann, während sie zusammen frühstückten, „jetzt hängt sie wieder ihre Wäsche auf, und wie immer hat alles einen Grauschleier. Ich versteh nicht, wie sie mit Wäsche leben kann, die so schmutzig aussieht." Zu ihrem Ehemann gewandt fragte die Hausfrau dann: „Vergleich sie doch mit meiner Wäsche! Leuchtet meine Wäsche nicht viel weißer?" Der Ehemann lächelte dann und sagte so etwas wie: „Ja, meine Liebe, du bist ein ausgezeichnetes Beispiel für eine gute Hausfrau. Ich habe Glück, dass du die Wäsche in diesem Haus wäschst."

So wiederholte sich dieses Gespräch zwischen Ehemann und Frau regelmäßig, wenn die Frau des Nachbarn die Wäsche zum Trocknen aufhängte, bis es dem Ehemann schließlich zu viel wurde und er die Nase voll hatte.

Die beiden waren wie gewöhnlich zusammen beim Frühstück, als die Hausfrau aus dem Fenster schaute und völlig überrascht ausrief:

„Mein Gott, die Welt geht unter! Sie hat es endlich gelernt. Guck mal, ihre Wäsche ist ja schneeweiß! Was, denkst du, ist da passiert?"

Der Ehemann lächelte und sagte: „Ich sage es dir. Ich war es leid, am Morgen wiederholt die Konversation über die Wäsche der Nachbarn zu führen. Da bin ich heute etwas früher aufgestanden und habe dein Küchenfenster geputzt."

24. Übergabe

Es war einmal

ein einfacher Dorfbewohner, für den das Leben keine Schulbildung vorgesehen hatte. Der wartete am Bahnhof auf seine allererste Zugfahrt. Sein einziges Gepäck war ein kleines Bündel. Als er sah, dass der sehr lange Zug mit Reisenden voll besetzt war und von nur einer einzigen Lok gezogen wurde, dachte er, dass er die Zugmaschine nicht auch noch mit seinem Bündel belasten wolle. So tat er das Bündel auf seinen Kopf, da er ja gewohnt war, es auf diese Weise zu tragen. Im fahrenden Zug sah das allerdings komisch aus, und so sagte ihm der freundliche Reisende, der ihm gegenübersaß, dass es nicht nötig sei, das Bündel auf dem Kopf zu tragen. Wenn er es nur absetzen würde, werde er sofort merken, dass der Zug sowohl ihn, als auch sein Bündel an den Bestimmungsort tragen würde, und er wäre dabei in der Lage, bequem zu sitzen. Weiter fügte er hinzu: „Wenn du das Bündel auf dem Kopf trägst, verringerst du nicht die Ladung des Zuges, sondern strapazierst dich nur unnötig."

Sofort nahm der einfache Mann vom Dorf den Rat an und war glücklich, von seiner Bürde befreit zu sein.

Ramana Maharshi kommentierte diese Parabel so: „Gott wird tragen, was auch immer wir ihm aufbürden. Alle Dinge werden von der allmächtigen Kraft des höchsten Gottes weitergetragen, warum sollten wir immer überlegen: ‚Wir sollten dies oder das tun‘, anstatt auch uns ganz ihr zu überlassen? Da wir wissen, dass der Zug die ganze Ladung transportiert, warum sollten wir als darin Reisende darunter leiden, dass wir unser kleines Bündel auf dem Kopf tragen, anstatt alles dem Zug zu überlassen und glücklich zu sein … Überlasse alles ganz ihm. Er weiß, was am besten ist, wann es sich ereignen soll und wie er es macht. Die Last ist Seine und du hast keine Sorgen mehr. Alle Sorgen sind Seine.“

25. Die Wunder
des positiven Denkens

Es war einmal

ein Mann namens Robert Muller[16], der während des zweiten Welt-
krieges vor der Gestapo nach Frankreich flüchtete, wo er dem französischen Widerstand („Maquis") beitrat.

Robert war ein begnadeter Mathematiker, und er hatte eine Methode erarbeitet, mit der die Geheimcodes für die telegrafischen
Übermittlungen der Deutschen geknackt werden konnten. Deshalb
hatte der „Maquis" für Robert einen Arbeitsplatz in einer französischen Telegrafenstation eingerichtet, die eine zentrale Rolle in der
Kommunikation zwischen Deutschland und Frankreich spielte. Hier
hatte er Zugang zu den Nachrichten der Gestapo, und so konnte
er den französischen Widerstand warnen, wenn die Gestapo einen
Schlag gegen den „Maquis" plante oder die Verhaftung eines seiner
Mitglieder drohte. Robert Muller wurde von den Deutschen gesucht
und benutzte deshalb den Decknamen Louis Parizot. In der Vergangenheit hatte er die Methode des positiven Denkens studiert und

---

16. Robert Muller war Beamter der Vereinten Nationen. Über 40 Jahre im Amt,
machten seine Ideen zu Weltregierung, Weltfrieden und Spiritualität ihn als
„Philosoph" der Vereinten Nationen bekannt.

jeden Morgen und jeden Abend pflegte er zu sich selbst dreimal zu sagen: „Jeden Tag geht es mir in jeglicher Hinsicht immer besser. Nie zuvor habe ich mich so gut gefühlt. Es ist wunderbar, lebendig und gesund zu sein." Oftmals schaute er dabei in den Spiegel und lächelte sich selbstsicher an, denn er hatte erfahren, dass diese wiederholte Affirmation tatsächlich funktionierte. In der Tat hatte einer seiner Freunde, der sterbenskrank war, sich durch die Benutzung dieser Affirmation selbst geheilt – sehr zur Überraschung seines Arztes.

Nach einiger Zeit, in der Robert – oder Monsieur Parizot, wie er genannt wurde – den „Maquis" sehr erfolgreich warnen konnte, entdeckten die Deutschen unglücklicherweise, dass Monsieur Parizot kein gewöhnlicher Bediensteter der Telegrafenstation war, sondern zum Widerstand gehörte und seine Fähigkeiten nutzte, um ihre geheimen Nachrichten anzuzapfen. Ohne Vorwarnung gab es daher eines Tages eine Razzia der deutschen Gestapo. Offiziere und Soldaten besetzten die Telegrafenstation. Als Robert das sah, rannte er die Treppe hinauf zum Dachboden im dritten Stock, wo der Pausenraum war. Er schaute in den Spiegel und sagte: „In jeder Weise habe ich heute Glück, alles wird sich heute so fügen, wie es mir nützt." Das wiederholte er dreimal und lächelte sich im Spiegel an. Ruhig ging er die Treppe hinunter und im Erdgeschoss hielt ihn ein Gestapooffizier an. Die Deutschen wussten nur, dass sie den Befehl hatten, Monsieur Parizot zu fangen, aber sie wussten nicht, wie er aussah. So hielt der deutsche Offizier Robert auf, nahm ihn beim Arm und fragte ihn brüsk: „Wo ist Monsieur Parizot?" Robert lächelte und antwortete ruhig: „Vor nur fünf Minuten sah ich ihn oben im Pausenraum im dritten Stock", wo er der Wahrheit entsprechend sein eigenes Spiegelbild gesehen hatte. Der deutsche Offizier kommandierte seine Soldaten sofort nach oben, während ein Kollege Robert zuflüsterte: „Im Keller ist niemand, geh und nimm das Fahrrad. Sie haben da unten keine Wache." So ging er ruhig die Treppe hinunter in den Keller, nahm ein Fahrrad und verschwand heimlich.

Diese Geschichte kann auch dazu benutzt werden, die Vorteile des „Positiven Denkens" zu erklären, wie es 1920 ursprünglich durch den französischen Psychologen Dr. Émile Coué eingeführt worden war. Dr. Coué war der Überzeugung, dass die (unbewusste) Imagination die einzige kontrollierende Kraft ist, wohingegen die Nutzung der (bewussten) Willenskraft mit Sicherheit das „Gesetz des gegenteiligen Bemühens" aktiviert. Durch die Anwendung bewusster Autosuggestion hatte Dr. Coué beobachtet, dass die Betroffenen sich selbst heilen konnten, wenn sie in ihrem Geiste den „Gedanken der Krankheit" durch den „Gedanken der Heilung" ersetzten. Durch die bewusste Wiederholung von Wörtern oder Imaginationen zur Selbstsuggestion an das Unterbewusste kann man den Geist dazu veranlassen, diesen zu gehorchen. Coué behauptete, dass jede Idee, die den Geist ausschließlich in Besitz nimmt, zur Wirklichkeit wird, vorausgesetzt, diese Idee bewegt sich im Bereich der Möglichkeiten. Er war der Meinung, dass Willenskraft das größte Hindernis bei jeglicher Heilung ist. Die Heilungen, die er reihenweise einer großen Anzahl von Patienten kostenlos ermöglichte, waren das Ergebnis erfolgreicher Imagination oder „positiver Autosuggestion" unter Ausschluss der eigenen Willenskraft.[17]

---

17. Quelle: „Most of All they taught me Happiness" von Robert Muller, New York 1985, siehe Wikipedia, the free encyclopaedia.

26. Sokrates: Wer bin ich?

Vor langer, langer Zeit
schlenderte der berühmte griechische Philosoph Sokrates durch die Straßen des alten Athen, tief in Gedanken versunken, die sich hauptsächlich um die immer wiederkehrenden, philosophischen Fragen drehten: „Wer bin ich?", „Woher komme ich?" und „Wohin gehe ich?"

Zur gleichen Zeit promenierte ein bekannter Politiker im Zentrum der Stadt und sonnte sich in der Bewunderung der Bürger. Es geschah nun, dass beider Wege sich kreuzten, und während der Politiker prahlend umherstolzierte, ohne wirklich jemanden zu sehen, war Sokrates so tief in seinen erhabenen Gedanken versunken, dass auch er nicht so richtig wahrnahm, was sich direkt vor ihm abspielte. Deshalb stieß Sokrates plötzlich mit dem wichtigen Politiker zusammen, der sichtlich überrascht und extrem verärgert Sokrates anschrie: „Was ist das denn? Was denkst du denn, wer du bist?" Bei diesen Worten schaute Sokrates auf und rief aus: „Sehr außergewöhnlich, mein Herr, dass Sie dies ansprechen! Wer bin ich? Das ist genau das, worüber ich die ganze Zeit nachdenke: Wer bin ich? Ich wäre Ihnen in der Tat sehr verbunden, wenn Sie mir die Antwort geben könnten."[18]

---

18. Diese Geschichte ist in „Chinna Katha", Vol II, zu finden.

Selbsterforschung ist der königliche Pfad zur Selbstverwirklichung. Diese Idee wurde durch viele spirituelle Lehrer propagiert, von denen der berühmteste Ramana Maharshi war. Sathya Sai Baba sagt, dass drei Viertel effektiver spiritueller Disziplin Selbsterforschung ist.

27. „Und ihr sollt die Wahrheit wissen, und die Wahrheit wird euch befreien"

Vor langer, langer Zeit

war der Prophet Mohammed in großer Gefahr. Zu der Zeit waren die Bürger Mekkas noch Heiden und ärgerten sich sehr über Mohammed, da er über Allah als den einzig einen Gott predigte. Die Behörden der Stadt hatten einen Haftbefehl erlassen und wollten ihn fangen, tot oder lebend. Da Mohammed so verfolgt wurde, ging er eines Abends zu einem guten Freund und fragte, ob er diese Nacht bei ihm verbringen könne, und sagte ihm dann, am nächsten Tag wolle er versuchen, nach Medina zu flüchten. Der Freund sagte: „Aber, mein lieber Mohammed, wie willst du aus der Stadt kommen? Überall sind Wachen und die haben strikten Befehl, dich zu verhaften." Mohammed sagte nur: „Wir werden sehen. Es ist alles in Seinen Händen."

Am nächsten Morgen sagte der Freund: „Mohammed, ich habe eine Idee. Freitags gehe ich immer mit einem großen Korb aus der Stadt, um bei den Bauern Gemüse und Lebensmittel zu kaufen. Ich werde dich in meinem Korb verstecken, und wenn die Wachen mich fragen, was ich in meinem Korb habe, werde ich denen einfach die Wahrheit sagen." Gesagt, getan. Mohammed kam in den großen Korb, der von dem Esel des Freundes getragen wurde. Als der Freund am Stadttor ankam, wurde er von den Wachen gefragt: „Halt! Was hast du in deinem Korb?" Lachend antwortete der Freund: „Was denkt ihr denn, natürlich habe ich den Propheten Mohammed in meinem Korb." Daraufhin winkten die Wachen den Freund lachend durch das Tor.

28. Der Hund am See

Es war einmal

ein heiliger Mann. Der wurde gefragt: „Wer hat dich auf den Weg geführt?"

Er antwortete: „Ein Hund war es. Ich hab ihn eines Tages gesehen, wie er am Uferrand stand, nahe am Verdursten. Jedes Mal, wenn er sein Spiegelbild im Wasser sah, hatte er Angst und schreckte zurück, weil er dachte, da sei ein anderer Hund. Schließlich war er so verzweifelt, dass er all seine Furcht vergaß und ins Wasser sprang, wodurch der andere Hund' verschwand.

Der Hund erfuhr, dass das Hindernis, nämlich er selbst, die Barriere zwischen ihm und dem, was er suchte, sozusagen in dem Moment wegschmolz, in dem er etwas wagte. Genauso schmolz mein eigenes Hindernis weg, als ich erkannte, dass das Hindernis das war, was ich für mein Selbst gehalten habe. So wurde mir zum ersten Mal mein Weg gezeigt, durch das Verhalten – eines Hundes."

„Etwas zu wagen bedeutet, sich selbst für eine Sekunde zu verlieren.
Nicht zu wagen bedeutet, sich selbst zu verlieren."
Søren Kierkegaard

Der Wert RECHTES HANDELN

und entsprechende Geschichten

Der Wert **Rechtes Handeln** oder Rechtschaffenheit ist Liebe in Aktion. Er bedeutet, in Harmonie mit der eigenen, wahren Identität zu handeln. Das ist der Ausdruck des eigenen Selbst im Tun. Rechtes Handeln ist ein entscheidender Wert, denn das ist es, was ich tatsächlich tue. Wenn ich diese Liebe, die ich bin, nicht umsetze, dann ist diese Liebe eine Illusion und es gibt keine dauerhafte Verwirklichung meiner wahren Identität.

Rechtes Handeln auf allen Ebenen der menschlichen Existenz bedeutet, alle Pflichten auf der Basis der Liebe erfüllen, das heißt, in Harmonie mit der eigenen zugrundeliegenden Identität.

Einige der wichtigen, praktischen Aspekte des Rechten Handelns sind:

- Mut
- Sauberkeit
- Unterscheidungsfähigkeit
- Zusammenarbeit
- Demut
- Dienende Einstellung
- Freude aus dem Geben
- Mein Bestes tun
- Harmonie in Gedanken, Worten und Taten
- Geduld
- Ausdauer

29. „Der Herr ist mein Hirte"[19]

Vor langer, langer Zeit,
wurden in einem jüdischen Dorf die Einwohner von langanhaltendem Dauerregen überrascht. Der Regen wollte einfach nicht aufhören. Der Fluss, an dessen Ufern das Dorf lag, trat über die Ufer und begann, das Land zu überschwemmen und in die Häuser einzudringen. Die Dorfbewohner begannen, ihren wertvollsten Besitz zusammenzusuchen und höher hinauf in die Berge zu ziehen. Nicht so der Rabbi (jüdischer Priester). Sein Glaube an den lieben Gott war stark und unerschütterlich. Er ging, als die anderen höher hinauf in die Berge zogen, um der Flut zu entkommen, einfach auf den Dorfplatz und betete: „Oh Herr, viele Sünder habe ich gerettet und zu Dir gebracht. Immer habe ich Dir gut gedient, ohne jeden Zweifel. Jetzt, mein Gott, bist Du dran, dein gläubiges Kind zu retten!" So betete der Rabbi inbrünstig, schloss die Augen und überließ sich seinem lieben Gott.

Nach einer Weile kam ein Boot mit einigen Dorfbewohnern vorbei. Als sie ihren Rabbi in der Mitte des Dorfplatzes alleine stehen sahen, riefen sie sofort: „ Rabbi, wir haben noch Platz, komm mit und bring dich in Sicherheit!"

---

19. Die Bibel, Altes Testament, Psalm 23

Aber der Rabbi wusste in seinem Herzen, dass der liebe Gott nur den Glauben seines Dieners testen wollte, so machte er eine ablehnende Geste und rief den Dorfbewohnern im Boot zu: „Nein, nein, der Herr prüft mich gerade, keine Sorge! Macht einfach eure Arbeit! Ich hab hier keine Probleme!" Ungläubig schüttelten die Dorfbewohner den Kopf, als sie das hörten, und zogen weiter.

Inzwischen stand dem Rabbi das Wasser bis zur Taille, aber ohne den geringsten Zweifel, dass der Herr ihn retten würde, betete er einfach weiter. Dann kam ein zweites Boot vorbei. Die Dorfbewohner riefen: „Rabbi, jetzt komm aber mit! Wir haben Platz für dich!" Der Rabbi jedoch schüttelte den Kopf und rief zurück: „Keine Sorge! Ich habe keinen Zweifel, dass der liebe Gott selbst seinen treuen Diener retten wird. Auch ihr solltet daran nicht zweifeln. Fahrt einfach weiter! Ich bin in Gottes Hand."

Nach einer Weile stand dem Rabbi das Wasser über der Oberlippe. Er musste auf Zehenspitzen stehen, um zu atmen. Dann kam das dritte Boot vorbei. Die Dorfbewohner riefen: „Rabbi, wenn du nicht ertrinken willst, komm jetzt, dies ist die letzte Chance."

Unerschütterlich in seinem festen Glauben gestikulierte der Rabbi, dass die Dorfbewohner ihn gar nicht mehr beachten sollten. Weil das Wasser seinen Mund bedeckte, konnte er nicht mehr sprechen, sondern nur noch blubbernde Geräusche machen: „Blubb, blubb, blubb". Im tiefsten Inneren seines Herzens betete er zur gleichen Zeit: „Lieber Gott, Du prüfst Deinen Diener wirklich, aber ich gebe nicht auf."

Dann ertrank der Rabbi und fand sich im nächsten Moment vor Gottes Angesicht wieder. Mit vorwurfsvollem Blick sprach er den lieben Gott direkt an und sagte: „Mein Gott, ich habe Dir immer gut gedient. Warum bist Du nicht gekommen, um Deinen treuen Diener in seiner Stunde der Bedrängnis zu retten?"

Da schaute der liebe Gott den Rabbi lange und mitfühlend an und sagte: „Mein lieber Rabbi, weißt du denn nicht, dass ich dir drei Boote geschickt habe?" [20]

---

20. Diese Geschichte ist eine Adaptation einer alten jüdischen Geschichte.

30. Wer ist der Handelnde

Es war einmal

ein indischer Brahmane, der in einem Haus lebte, das von einem ziemlich großen Garten umgeben war. Hier arbeitete er jeden Tag, und mit den Jahren wuchs seine Anhaftung an die Ergebnisse seiner Gartenarbeit. Der Garten war sehr schön geworden, voll mit schönen Sträuchern und außergewöhnlichen Blumen in gut gepflegten Beeten. Jeden Tag wässerte er die Blumenbeete und gelegentlich brachte er auch Dünger aus, so dass sein Garten so schön wurde wie kein zweiter. Der Brahmane lebte für seinen Garten, auf den er sehr stolz war.

Als Brahmane waren die heiligen Schriften ein zentraler Teil seiner Erziehung und es wäre nur angemessen zu sagen, dass er in der Religion und den Traditionen seines Landes sehr versiert war. Während seines Morgengebetes vergaß er niemals, den lieben Gott zu bitten, seine Arbeit im Garten zu segnen.

Nun hatte der liebe Gott das bemerkt, aber auch den Stolz des Brahmanen auf den Garten, und deshalb entschied der Herr, ihn zu prüfen. Eines Tages im Spätsommer, als der Garten mit seinen blühenden Sträuchern und seinem Reichtum an Blüten und Knospen wirklich am besten aussah, kam der Herr als Mönch verkleidet zu Besuch in den Garten. Der Mönch machte einen Rundgang durch den Garten und brachte laut Worte der Bewunderung zum Ausdruck: „Oh, wie hübsch! Nie zuvor habe ich so viele schöne Blumen an einer Stelle gesehen. Oh – schau nur, diese Sträucher! Ah! Oh!"

Der Brahmane im Inneren des Hauses hörte diese Ausrufe der Verwunderung und Bewunderung und kam heraus, um zu sehen, wer den Garten so sehr bewunderte, dass er das so laut zum Ausdruck bringen musste. Als der Mönch den Brahmanen erblickte, fragte er: „Sagt mir bitte, wer hat diesen Garten angelegt? Ich habe noch nie so etwas gesehen, so schön ist er. Er ist einfach perfekt. Wer hat ihn gemacht?" Der Brahmane war sehr glücklich, aber auch stolz und antwortete: „Mein lieber Mönch, alles, was Ihr hier seht, ist mein Werk, das Ergebnis von vielen Tagen, Wochen, Monaten und Jahren achtsamer Arbeit, in der ich jeden Strauch, jede Pflanze wie mein eigenes Kind behandelt habe." Der Mönch antwortete: „Das Ergebnis Eurer unermüdlichen Arbeit ist in der Tat bewunderns-wert. Ihr müsst sehr stolz auf das sein, was Ihr erreicht habt." Der Brahmane verbeugte sich und antwortete mit einem bescheidenen Lächeln. Dann verließ der Mönch den Garten.

Einige Tage später kam der Herr wieder. Diesmal als alte kranke Kuh verkleidet, die durch die Blumenbeete wankte und von den Sträuchern Knospen und frische Blätter abzupfte. Der Brahmane hörte das Geräusch und kam heraus, um zu sehen, was da los sei. Als er sah, welche Verwüstung die Kuh angerichtet hatte, war er ent-setzt. Zuerst war er wie gelähmt. Dann kam ihm die Idee, er müsse etwas tun, wenn er nicht dem vollständigen Ruin seines schönen Gartens zuschauen wolle. So nahm er einen dicken Knüppel und fing an, auf die alte Kuh einzuschlagen, um sie aus dem Garten zu vertreiben. Dabei geschah etwas absolut Schreckliches. Die Kuh fiel tot zu Boden, mitten im schönsten Blumenbeet des ganzen Gartens.

Nun werden die Kühe in Indien als heilig betrachtet, und eine Kuh zu töten, ist unverzeihlich.

Der Brahmane war in der Tat außer sich durch den plötzlichen Wandel der Ereignisse und stand ganz perplex mit dem Stock in der Hand da. Genau in dem Moment erschien plötzlich der Mönch wieder im Garten und sagte zu dem Brahmanen: „Mein Herr, ich sehe eine tote Kuh in Eurem Garten! Ein heiliges Tier! Das ist wirklich sehr schlecht. Erzählt mir, was geschehen ist."

Der Brahmane antwortete: „Lieber Mönch, Ihr seid ein heiliger Mann, der die Schriften kennt. Ihr werdet verstehen, dass ich das nicht getan habe. Die Kuh hatte in meinem Garten gar nichts zu suchen. Sie hat meine Blumenbeete ruiniert, und alles andere, wofür ich so schwer gearbeitet habe. Ich habe sie nur aus meinem Garten jagen wollen. Ich wollte ihr keinen Schaden zufügen, schon gar nicht sie töten. Es muss Gottes Hand gewesen sein. Ja, ich bin überzeugt, dass es Gottes Wille war, die Kuh hier in meinem Garten sterben zu lassen. Ich war das nicht!"

In diesem Moment verwandelte sich der Mönch zurück in seine göttliche Gestalt und wies den Brahmanen zurecht: „Als ich zuvor in Gestalt des Mönches kam und Euren schönen Garten bewunderte, ward Ihr stolz, dessen Schöpfer zu sein. Ihr habt euch als den Handelnden gesehen, der erschaffen hat, was gut und schön ist. Aber wenn dann etwas Schlechtes passiert, wie Euer Verprügeln der heiligen Kuh, wodurch sie zu Tode kam, dann sagt Ihr, dass es Gottes Wille ist und Ihr es nicht getan habt. Mein lieber Brahmane, Ihr solltet das besser wissen. Rechtschaffenes Handeln, Anhaftung und Stolz passen nicht zusammen. Nur in Bescheidenheit und Hingabe, ganz ohne Anhaftung, solltet Ihr handeln und die Ergebnisse Eures Handelns dem Einen ohne ein Zweites widmen."

31. Der Geschäftsmann
und der Fährmann

Es war einmal

ein Geschäftsmann, der in eine andere Stadt reiste, um einige Geschäfte zum Abschluss zu bringen. Die Stadt, in die er wollte, lag an einem See. Er war in Eile, was für einen Geschäftsmann nicht ungewöhnlich ist. So fand er heraus, dass er Zeit gewinnen konnte, wenn er den See überquerte, anstatt den ganzen Weg außen herum zu fahren. Als er an den See kam, hielt er Ausschau nach einem Fährdienst. Den kleinen Fähranleger hatte er bald gefunden und den Fährmann fragte er, ob er ihn sofort zur Stadt auf der anderen Seite übersetzen könne. Der Fährmann zögerte zuerst, wollte er doch auf weitere Passagiere warten, aber der Geschäftsmann bot eine stattliche Summe, wenn sie sofort ablegen würden.

So geschah es, dass die Fähre nur mit dem Geschäftsmann und dem Fährmann an Bord ablegte. Die Überfahrt sollte eineinhalb Stunden dauern und der Geschäftsmann begann eine Unterhaltung mit dem Fährmann. „Wie spät ist es?", war seine erste Frage. „Kann ich nicht genau sagen, Sir, weil ich keine Uhr habe, aber es sollte jetzt wohl so gegen vier Uhr sein", antwortete der Fährmann. „Sie haben keine Uhr und können keine genaue Zeitangabe machen? Lieber Mann, da befürchte ich, dass Sie 25% Ihres Lebens verschwendet haben." Der Fährmann sagte nichts. Er beobachtete nur den Himmel, der sich plötzlich verdunkelt hatte. „Was denken Sie über unsere neue Regierung?", war die nächste Frage des Geschäftsmannes. „Dazu hab ich keine Meinung", antwortete der Fährmann „weil Politik mich nicht interessiert." „Aber", antwortete der Geschäftsmann, „das geht doch alle an, wie unser Land regiert wird. Haben Sie denn kürzlich bei der Wahl keine Stimme abgegeben?" „Nein, hab ich nicht", antwortete der Fährmann. „Oh", bemerkte der Geschäftsmann, „dann befürchte ich, haben Sie weitere 25% Ihres Lebens verloren. Aber wie können Sie es vermeiden, sich Gedanken zu machen, wenn Sie in der Zeitung von all den Themen lesen, denen wir uns in diesem Land stellen müssen?" Inzwischen sah der Fährmann ein bisschen besorgt aus. Aber nicht wegen der Fragen des Geschäftsmannes, sondern weil der Wind zu einem Sturm auffrischte. Dennoch antwortete er: „Sir, ich kann nicht lesen und deshalb können mich Zeitungsgeschichten nicht beunruhigen." „Was sagen Sie?!", beinahe schrie der Geschäftsmann. „Sie lesen keine Zeitung und können wirklich überhaupt nicht lesen? Guter Mann, das zusammen mit all dem, was Sie mir bisher erzählt haben, bedeutet, so fürchte ich, dass Sie mindestens 75% Ihres Lebens verloren haben."

Inzwischen stampfte das Boot auf den Wellen auf und ab. Der Himmel verdunkelte sich jetzt richtig und es blies ein heftiger Wind. Zum ersten Mal sah jetzt der Geschäftsmann besorgt aus. „Es sieht aus, als würden wir eine raue Überfahrt haben", stellte er mit Blick auf den Fährmann fest. „Ja, Sir", sagte der Fährmann. „Sagen Sie mir bitte, können Sie schwimmen?" „Nein, dafür hatte ich nie Zeit. Ich musste mich um zu viele andere wichtige Sachen kümmern", sagte der Geschäftsmann. „Das ist ein großes Unglück, wirklich, Sir, denn ich fürchte, Ihnen sagen zu müssen dass Sie in Kürze 100% Ihres Lebens verloren haben werden."[21]

---

21. Eine ähnliche Geschichte „The Boatman's Pride" wird von Sathya Sai Baba in „Chinna Katha" erzählt.

32. Der Bischof
und die Mönche auf der Insel

Es war einmal

ein Bischof, der sich bald nach seiner Ordinierung auf den Weg machte, seine Gemeindeglieder zu besuchen. Auf seiner Tour besuchte er auch eine Insel, auf der schon seit vielen Jahren eine Gruppe von Mönchen sehr zurückgezogen lebte. Für diesen Zweck wurde ein Schiff besorgt, mit dem der Bischof zur Insel gebracht wurde. Jedoch konnte das Schiff nicht direkt zur Insel segeln, da diese keinen Hafen hatte. Deshalb ankerte das Schiff in einiger Entfernung, und mit einem Boot wurde dann der Bischof zur Insel gebracht.

Die zwölf älteren Mönche, die auf der Insel lebten, warteten schon ungeduldig auf den günstigen Augenblick, da der Bischof seinen Fuß auf die Insel setzen würde. Niemals zuvor hatten sie solch einen bedeutenden Besucher empfangen.

Der Bischof wurde über die Insel geführt, damit er sehen konnte, wie die Mönche ihr Land kultivierten, ihr eigenes Gemüse und verschiedene Sorten Getreide anbauten. Sie zeigten ihm ihren Obstgarten, wo sie Äpfel, Birnen und Trauben ernten konnten, auch wie sie ihr Getreide zu Mehl vermahlten und vieles mehr. Der Bischof war ziemlich beeindruckt, als er erfuhr, dass die Mönche totale Selbstversorger waren. Für das Ende der Tour hatten die Mönche eine Mittagsmahlzeit vorbereitet. Bevor sie sich zum Essen setzten, baten sie den Bischof, das Tischgebet zu sprechen. Der Bischof jedoch bestand darauf, dass die Mönche so wie gewöhnlich auch jetzt beten sollten, so dass er ihrem Gebet zuhören könnte.

Die Mönche stimmten zu, schlossen die Augen und fingen an zu beten: „Geliebter Herr, Du gibst uns unser Brot, Du selbst bist das Brot, Du bist sogar der, der das Essen verzehrt. Wir reichen Dir dieses Mahl dar, so wie wir Dir alle unsere Handlungen darreichen. Hilf uns immer, unser Bestes zu tun und daran zu denken, dass die Früchte unserer Taten Dir gehören, denn in Wahrheit bist Du der Handelnde. In allem, was wir tun, sind wir nur Deine demütigen Werkzeuge. Bitte segne dieses Mahl! Amen."

Der Bischof lauschte dem einfachen Gebet, war aber nicht glücklich. Er sagte: „Meine lieben Mönche, eure Worte sind sowohl heilig als auch wahr, aber wie ihr wisst, hat der Herr selbst uns gelehrt, wie wir beten sollen. So solltet ihr beten: ‚Vater unser, der Du bist im Himmel, geheiligt werde Dein Name, Dein Reich komme, Dein Wille geschehe wie im Himmel also auch auf Erden, unser tägliches Brot gib uns heute, und vergib uns unsere Schuld, wie auch wir vergeben unseren Schuldigern. Führe uns nicht in Versuchung, sondern erlöse uns von dem Bösen: Denn Dein ist das Reich und die Kraft und die Herrlichkeit in Ewigkeit. Amen.'"

Die Mönche hörten aufmerksam zu und baten den Bischof, das Gebet zu wiederholen, was er bereitwillig tat. Nach ein paar Wiederholungen erklärten die Mönche, dass sie es nun auswendig könnten und versicherten dem Bischof, dass sie in Zukunft gewiss so beten wollten, wie er es sie gelehrt hatte.

Nach einigen gemeinsamen Gesängen nahmen der Bischof und die Mönche brüderlich Abschied von einander. Die Mönche folgten dem Bischof an den Strand, wo er in das Boot einstieg, das ihn zu seinem Schiff zurückbrachte. Während die Seeleute das Boot von der Insel wegruderten, standen die Mönche am Strand und winkten ihrem bedeutenden Besucher zum Abschied.

An Bord des Schiffes fragte der Kapitän den Bischof, ob er den Befehl zum Ankerlichten geben könne. Der Bischof blickte ein letztes Mal hinüber zur Insel. Ihm hatte es bei den Mönchen gefallen, und sein Gefühl sagte ihm, dass sie heilig und aufrichtig waren. In der Gemeinschaft mit den Mönchen hatte er einen Frieden erlebt, der sowohl beruhigend als auch außergewöhnlich war. Plötzlich rief der Bischof aus: „Herr Kapitän, warten Sie, da kommt jemand!" Der Kapitän nahm sein Marineteleskop, blickte damit in Richtung der Insel und sagte: „Eure Eminenz haben recht, da geschieht wirklich etwas, aber ich kann meinen eigenen Augen nicht trauen. Schauen Sie selbst, Sir!", sprach er weiter, während der Bischof nach dem Teleskop langte. „Was um Himmels willen ist das?" Der Bischof schaute und schaute nochmals. Dann sagte er: „Guter Gott, auch ich kann meinen eigenen Augen nicht trauen. Einer der Mönche kommt zu uns, aber ohne Boot. Der rennt tatsächlich über die Wellen. Wie ist das möglich?" Sie vergaßen zu atmen, bis der Mönch längsseits kam und ihm an Bord geholfen wurde.

Nach Atem ringend sagte der Mönch von der Insel: „Eure Eminenz, es tut mir so leid, Euch zu stören, wo Ihr dabei seid, abzureisen. Wir haben uns wirklich über Euren Besuch gefreut und so viel gelernt, aber wisst Ihr, wir waren uns über die letzte Zeile des Gebetes, das Ihr uns gelehrt habt, nicht mehr so ganz einig. Würdet Ihr diese Zeile bitte noch einmal wiederholen?" Als der Bischof das hörte, lächelte er und antwortete: „Mein lieber Mönch, ich denke, ihr solltet mit dem Gebet, das ihr zusammen beim Essen gebetet habt, weitermachen. Ich bin überzeugt, dass der liebe Gott mit allem, was ihr tut, ganz zufrieden ist, also ist es definitiv unnötig, etwas zu ändern." Mit dieser Antwort des Bischofs war der Mönch sehr glücklich. Nochmals sagte er auf Wiedersehen und rannte über die Wellen zu seinen Brüdern zurück auf die Insel.[22]

---

22. Diese Geschichte ist auch geeignet, Wahrheit oder Frieden und gewiss auch „Gebete" zu erklären. Fragen für Diskussionen könnten (unter anderem) sein: „Warum sollten wir beten?" „Auf welche Eigenschaft sollten wir größten Wert legen, wenn wir beten?"

33. Die zwei Brüder,
die sich nicht einigen konnten,
ob sie in die Kneipe
oder in die Kirche gehen sollten

Es waren einmal
zwei Brüder, die eines Sonntags darüber diskutierten, ob sie zur Kirche oder in die Kneipe gehen sollten. Die Frömmigkeit der beiden Brüder konnte niemand anzweifeln. Jeden Sonntag konnte man sie im Hause Gottes antreffen, aber eben dieser Sonntag war der Geburtstag des jüngeren Bruders. Er wollte Spaß haben und hatte deshalb vorgeschlagen, dass sie dieses eine Mal den Kirchenbesuch auslassen könnten. Der ältere Bruder bestand jedoch darauf, dass sie zuerst in die Kirche gehen sollten und danach erst das Wirtshaus aufsuchen.

„Das soll für mich der Tag werden", sagte der jüngere Bruder. „Alle meine Freunde warten schon auf mich in der Kneipe. Wie kann ich sie da enttäuschen, indem ich zu spät komme?" „Wie kannst du den Herrn enttäuschen?", setzte der ältere Bruder dagegen. Nach weiterem Wortwechsel bemerkten die beiden Brüder, dass sie sich nicht einigen konnten. Deshalb ging der jüngere Bruder in die Kneipe, wohingegen der ältere in die Kirche ging.

Mit all seinen Freunden in der Kneipe konnte der jüngere Bruder sich nicht so richtig vergnügen. Die ganze Zeit musste er an seinen älteren Bruder denken. „Er hat sich richtig entschieden. Er sitzt jetzt in Gottes Haus, hört dem Pastor zu, stimmt ein in Gesang und Gebet, während ich mit dem Abschaum der Gesellschaft hier zusammen bin. Er hat es mir gesagt. Wie konnte ich nur auf diesem unheiligen Unterfangen bestehen?"

Der ältere Bruder jedoch hatte ganz andere Gedanken. Er dachte: „Hier bin ich mitten in dieser scheinheiligen Versammlung, während mein Bruder den ganzen Spaß hat. Ich hätte auf ihn hören sollen, anstatt hierherzukommen." Er hatte den Eindruck, er könne weder den Worten des Pastors lauschen noch mit ganzem Herzen an den Gebeten oder am Singen der Psalmen teilnehmen.

Auf diese Weise war der jüngere Bruder mit seinen Gedanken in der Kirche, obwohl sein Körper in der Kneipe war, wohingegen es sich bei dem älteren Bruder genau gegenteilig verhielt.[23]

---

23. Diese Geschichte kann dazu genutzt werden zu illustrieren, wie wichtig es ist, in der Gegenwart zu sein, das heißt im Jetzt zu sein, innerlich zentriert und in der Lage, sein Fühlen und Denken zu kontrollieren. Was hilft es, an einer heiligen Veranstaltung teilzunehmen, wenn die Gedanken auf Wanderschaft gehen?

34. Die zwei Wölfe

Es war einmal

ein kleines Dorf in Nordamerika, in dem ein indianischer Großvater seinem Enkelsohn Geschichten zu erzählen pflegte. Der Junge liebte Geschichten sehr und es gab immer eine profunde Lehre in Großvaters Geschichten. Da die Eltern mit ihren Aufgaben sehr beschäftigt waren, verbrachten der Großvater und der Junge viel Zeit miteinander. Wann immer der Junge Zweifel hatte, er etwas im Leben nicht ganz verstand, pflegte er seinem Großvater Fragen zu stellen. Der Großvater war in der Kunst von Fragen und Antworten sehr geschickt, und oftmals beantwortete er die Fragen des Jungen entweder mit einer Geschichte oder einer anderen Frage, die den Jungen weiter darüber nachdenken ließ, um seine eigene Antwort zu finden. Das gab ihm das Gefühl, die richtige Antwort selbst gefunden zu haben.

Einmal hatte der Junge gesehen, wie andere Jungen einen Hund mit Steinen bewarfen, offensichtlich ohne Grund. Als er diese Jungen nach dem Grund fragte, war die Antwort: „Einfach aus Spaß, das ist doch klasse, wir machen das gern! Warum machst du nicht mit?" Der Junge mochte Tiere gern und hatte keine Lust, mitzumachen, so lehnte er einfach ab und ging nach Hause zum Tipi seines Großvaters. Jetzt hatte der Junge eine schwerwiegende Frage: „Großvater, wie kommt das, dass einige Jungen zu Tieren grausam sind und einfach aus Spaß etwas tun, wovon sie wissen, dass es falsch ist?"

Der Großvater sah den Jungen lange an und sagte: „Sohn, im Menschen gibt es beides, gut und böse. Es ist so, dass es im Menschen zwei Wölfe gibt, einen schwarzen und einen weißen. Der weiße weiß, was gut und richtig ist. Der schwarze ist böse und verführt den Menschen dazu, Falsches zu tun. Diese beiden liegen im ständigen Kampf im Menschen."

„Hab ich auch diese zwei Wölfe in mir, Großvater?", fragte der Junge „Ja", antwortete der Großvater, „alle Menschen, Kinder wie Erwachsene, haben sie, und die kämpfen immer." „Aber", sagte der Junge eifrig, „wenn sie ständig kämpfen, wie weiß ich dann, wer den Kampf gewinnen wird?" Der Großvater lächelte und sagte: „Mein Junge, der, den du fütterst, der, dem du deine Aufmerksamkeit gibst, wird gewinnen und wenn du fortwährend all deine Aufmerksamkeit auf den weißen Wolf richtest, wird er wachsen und der schwarze wird kleiner, bis er keinen echten Kampf mehr anzetteln kann. Dann wirst du ein guter Indianer sein, der immer das tut, was richtig und gut ist. Du wirst andere inspirieren und sie werden mit dir zusammenarbeiten wollen, welche Aufgabe du dir auch immer vornehmen magst. Du wirst sie noch nicht einmal fragen müssen. Du wirst ein wahrer Führer sein."

Hilf immer, verletze niemals. Liebe alle, diene allen.
Maximen von Sathya Sai Baba

35. Der Wunscherfüllungsbaum

Es war einmal

ein Mann, der war von seinem Haus zu Fuß unterwegs zu einem anderen Ort, der mehrere Meilen entfernt gelegen war. Es war ein heißer Tag und gegen Mittag fühlte der Mann sich ziemlich erschöpft. Die Sonne schien strahlend und die Temperatur stieg ziemlich an. Er erblickte einen großen Baum und dachte: „Oh, das ist gut. Ich werde mich im angenehmen Schatten dieses schönen Baumes niederlegen und eine Pause machen." Gesagt, getan. Da merkte der Wanderer, dass er hungrig war, und dachte: „Ich wünschte, es gäbe hier einen Tisch mit all meinen Lieblingsspeisen. Oh, wie würde ich das Essen genießen!"[24] Sofort erschien der Tisch und der Mann aß und trank nach Herzenslust. Nach der Mahlzeit dachte der Mann: „Oh, das ist ja fantastisch. Das muss ein Wunscherfüllungsbaum sein. Was hab ich doch für ein Glück, jetzt hier zu sein. Ein Nickerchen wäre jetzt gerade richtig, aber es wäre schön, mein eigenes Bett aus meinen Zuhause wäre jetzt hier – und mein schönes weiches Kissen, auf das ich meinen Kopf legen kann. Dann würde ich schlafen wie ein

---

24. Hier könnten die Zuhörer zur Teilnahme aufgefordert werden, indem sie auf ein Zeichen des Geschichtenerzählers mit den Fingern schnipsen. Die Idee dahinter ist, dass sich der Wunsch des Wanderers sofort materialisiert, wann immer sie mit den Fingern schnipsen.

Engel." Das Bett und das Kissen tauchten augenblicklich auf und erfreuten den Mann. Nun kam ihm noch ein Gedanke in den Sinn: „Oh, meine Frau sollte jetzt hier sein. Wäre es nicht schön, in ihren Armen einzuschlafen?" Ohne Verzögerung fand er seine Frau direkt neben sich im Bett. Doch ganz plötzlich kroch eine seltsame Idee in seine Gedanken: „Was ist, wenn das gar nicht meine Frau ist? Was ist, wenn das ein Dämon in Verkleidung ist, der mich verschlingen wird, sobald ich eingeschlafen bin!?" Mit diesen Gedanken versuchte er wach zu bleiben, aber schließlich döste er doch ein und die Frau verwandelte sich sofort in einen Dämon und verschlang ihn.[25]

P.S. Ein anderer Schluss: Der Mann wachte unter dem Baum auf und bemerkte, dass alles nur ein lebhafter Traum war. Mit einem Seufzer der Erleichterung setzte er sich auf, streckte sich und bemerkte plötzlich, dass sein weiches Lieblingskissen, aus dem Bett zu Hause, da war. Offensichtlich hatte im Schlaf sein Kopf darauf gelegen. Aber wie konnte das sein? Wie konnte das Kissen hier sein, wo doch alles bloß ein Traum gewesen war? Das hinterließ in dem Mann die Frage: „Was ist wirklich, dies oder Das?"

---

25. Sathya Sai Baba inspirierte diese Geschichte mit dem Titel: „The world is a part of Kalpavriksha" in „Chinna Katha", Vol I. Die Geschichte illustriert die Macht der Gedanken. Gedanken können sogar noch mächtiger sein als Worte und alles beginnt mit einem Gedanken. Also kannst du nicht sagen, dass „die eigenen Gedanken deine" oder dass die „Gedanken frei sind", wie es in dem Lied heißt. Die Geschichte macht auch deutlich, wie die Gedanken einen „verschlingen". In diesem Zusammenhang kann eine Diskussion darüber, wie wichtig dies ist, angeregt werden.

Säe einen Gedanken und ernte eine Tat.
Säe eine Tat und ernte eine Neigung.
Säe eine Neigung und ernte eine Gewohnheit.
Säe eine Gewohnheit und ernte einen Charakter.
Säe einen Charakter und ernte ein Schicksal.

Sathya Sai Baba

36. Der kleine Affe

Es war einmal

ein kleines Dorf in einem Tal irgendwo in den Bergen. Seine Bewohner waren sehr glücklich. Die Ernte war immer gut. Sie hatten genug zu essen, und der Fluss in der Nähe brachte ihnen kühles, klares Wasser. Auch die Kinder waren gesund und glücklich.

Die Dorfbewohner wussten, dass sie gesegnet waren, und sie kannten auch den Grund dafür. Oben in den Bergen, gar nicht so weit entfernt, lebte in einer Höhle ein heiliger Mann. Der hatte tatsächlich die Bevölkerung des Dorfes gesegnet und ihr großes Glück war es, dass er so nahe bei ihnen wohnte und fortwährend Liebe und Wohlwollen ausstrahlte

Die Dorfbewohner wussten sehr gut, dass man dem Göttlichen Dankbarkeit zeigen sollte, und da sie sich bevorzugt fühlten, weil sie mit der Gegenwart des Heiligen in ihrer Nähe so großes Glück hatten, wollten sie auch ausdrücken, wie sehr sie in seiner Schuld standen. So entstand bei den Dorfbewohnern mit den Jahren der Brauch, jeden Donnerstag in einer Prozession zu der Höhle zu ziehen und viele gute Sachen wie Mangos, Bananen, Äpfel, Mandeln und Nüsse zu bringen.

Oft saß der Heilige in tiefer Meditation mit geschlossenen Augen draußen vor der Höhle. Die Dorfbewohner wagten dann nicht, ihn zu stören, sie legten ihm still die guten Sachen zu Füßen, saßen eine Zeit dort und gingen wieder, ohne etwas zu sagen. Manchmal öffnete der Heilige dann die Augen und lächelte sie an, wodurch sie eine elektrisierende Energie und ein Glücksgefühl verspürten, das sie mit milder, sanfter Stimme in einigen heiligen Liedern ausdrückten. Die meiste Zeit jedoch saß der heilige Mann mit geschlossenen Augen und der Besuch der Dorfbewohner fand in vollständiger Stille statt.

Dieses Donnerstagsritual hatte nun Jahr für Jahr seinen festen Platz in der Woche, als kürzlich ein kleiner Affe diesen Verlauf der Ereignisse verwundert beobachtete: „Was geschieht denn da? Dieser Mann sitzt da mit gekreuzten Beinen und tut absolut nichts, während die andern ihm köstliche Sachen geben." Ein bisschen neidisch grübelte der Affe darüber nach. Was könnte die Erklärung dafür sein? Jedoch wiederholte sich die Szene immer wieder und schließlich hatte der Affe eine Idee.

Eines Donnerstags, als die Dorfbewohner mit ihren guten Gaben kamen und der heilige Mann wie gewohnt im Schneidersitz Beinen dasaß, fanden sie neben ihm, auch mit gekreuzten Beinen und seinen Händen in ähnlicher Position, einen kleinen Affen sitzen. „Schaut nur", rief einer der Dorfbewohner und deutete auf den Affen. „Habt ihr so einen lustigen Affen schon mal gesehen?" Die Dorfbewohner unterdrückten ihr Lachen, um den heiligen Mann nicht zu stören, aber einige von ihnen konnten nicht anders, als auch dem kleinen Affen einige der guten Gaben zu Füssen zu legen.

Am nächsten Donnerstag, als sich die Prozession mit den guten Gaben wiederholte, saß neben dem heiligen Mann der ganze Affenstamm mit gekreuzten Beinen. Diesmal wurden die Dorfbewohner ärgerlich. Sie verjagten die Affen, einige warfen mit Steinen nach ihnen.

Das konnten die Affen nicht verstehen: „Was war das? Das erste Mal hat es doch so gut funktioniert. Was haben wir falsch gemacht?", fragten sie sich. Sie kratzten sich den Kopf, so wie Affen das gewöhnlich tun, aber sie verstanden es nicht. Bis zum heutigen Tag verstehen die Affen es nicht.

Heute sind diese Affen überall zu finden. Wenn du ihnen begegnest und siehst, wie sie sich den Kopf kratzen, so heißt das, dass sie sich immer noch wundern. Dann sei so nett und erkläre ihnen, warum es nicht reicht, mit gekreuzten Beinen neben dem heiligen Mann zu sitzen.[26]

---

26. Diese Geschichte kann genutzt werden, wenn es um die Bedeutung von Ritualen geht, die zuweilen auch praktiziert werden, wenn das Verständnis ihrer inneren Bedeutsamkeit noch nicht gewachsen ist. Sinnvoller ist es, die Rituale zu praktizieren, die wirklich verstanden wurden, auch wenn es wenige sind.

37. Die Metamorphose
eines Straßenräubers

Es war einmal

in Indien, zu Zeiten Ramas, vor vielen tausend Jahren, ein Räuber, ein Straßenräuber mit Namen Ratnakara. Er pflegte die Reisenden all ihrer Habe zu berauben und sie sogar zu töten, damit sie ihn nicht der Polizei melden konnten, die ihn sonst gefangen hätte. Ratnakara hatte Frau und drei Kinder und verdiente den Unterhalt der Familie mit seinen Raubzügen.

Einmal kam der Weise Narada des Weges, wo Ratnakara in seinem Versteck auf die nächste Gelegenheit wartete. Ratnakara überraschte Narada und bedrohte ihn mit seinem Schwert, all seine Habe solle er ihm übergeben. Aber Narada, ein Seher von großer Weisheit, sagte zu Ratnakara: „Ich brauche nichts und besitze nichts als diese Vina (indisches Saiteninstrument), auf der ich Hymnen zum Lobe Gottes spiele. Wenn du willst, nimm sie. Aber sage mir: Warum raubst du Leute aus? Darf ich dir bloß eine Frage stellen?" Ratnakara willigte ein und Narada fuhr fort: „Deine Antwort auf diese Frage kann für dein ganzes Leben entscheidend sein." Das erregte Ratnakaras Neugier: „Was meinst du damit?", sagte er. „Ich hab es nicht eilig, bitte stell deine Frage." So fragte

Narada: „ Sage mir, bist du dir bewusst, was dein Rauben und Morden für Konsequenzen hat?" „Was meinst du damit", fragte Ratnakara, „das ist mein Beruf." „Aber warum tust du das?", fuhr der Weise fort. „Weil ich meine Frau und meine Kinder versorgen muss. Sie brauchen ein Dach über dem Kopf, Nahrung und Kleidung. Ich weiß nicht, wie ich sie auf andere Weise versorgen könnte", erklärte Ratnakara. „Aber bist du dir des karmischen Gesetzes nicht bewusst?", fragte Narada. „Was für ein Gesetz?", rief Ratnakara aus. „Ich folge keinem Gesetz außer meinem eigenen." „Oh ja", fuhr Narada fort, „ob du das weißt oder nicht, diesem Gesetz muss sich jeder fügen." „Was heißt das?", fragte Ratnakara. „Hör gut zu!", antwortete der Weise. „Alles hat eine Konsequenz. Was du sagst, was du tust, sogar was du denkst. Alles kommt zu dir zurück als Widerhall, als Reaktion und Widerspiegelung. Das ist die Basis für das Gesetz von Karma. Unweigerlich erntest du, was du säst, entweder noch in diesem Leben oder in folgenden Leben. Wenn du stirbst, dann trägst du nur deine Taten und Untaten mit dir in die andere Welt. Die karmische Konsequenz aus Aktion und Reaktion bestimmt, wann, wo, wie und warum du ein weiteres Leben haben wirst. Wenn du raubst und tötest, richtest du Schaden an. Dieser Schaden muss behoben und die Schulden müssen beglichen werden. Wenn dies in diesem Leben nicht geschieht, muss es im folgenden Leben in Ordnung gebracht werden." „Aber was ich tue, das tue ich doch nicht für mich selbst", erklärte Ratnakara, „ich tue das doch nur, um meine Familie zu versorgen." „Aber", fragte Narada, „glaubst du wirklich, dass deine Frau ihren Anteil an deinem Karma wegen des Raubens und Mordens übernehmen wird?" „Ja, da bin ich sicher!", sagte Ratnakara mit Nachdruck. „In dem Fall, geh und frag sie", sagte Narada, „du kannst mich ja derweilen hier festbinden."

Ratnakara fesselte Narada an einen nahestehenden Baum, ging nach Hause und trat seiner Frau gegenüber. Zuerst erklärte er ihr das karmische Gesetz, dann sagte er: „Nun, Frau, ich habe bisher geraubt und gemordet und alles mit dir geteilt. Nun sage mir, dass du auch die Konsequenzen meiner Sünden mit mir teilen wirst."

„Mann", antwortete die Frau, „ich kümmere mich um die Kinder, mache die ganze Hausarbeit, damit du alles ordentlich vorfindest, wenn du nach Hause kommst. Das ist meine Pflicht. Deine Pflicht ist es, für mich und für die Kinder zu sorgen. Wie können ich – oder die Kinder – für deine Taten Verantwortung übernehmen, nachdem du das Haus verlassen hast? Wenn das wahr ist, was der weise Mann dir gesagt hat, dann sind die Konsequenzen deiner Sünden deine und ganz allein deine, so wie die Konsequenzen meines Tuns meine und ganz allein meine sind. Das ist etwas, das wir nicht teilen können."

Der Schock durchfuhr Ratnakara, als er das hörte. Blitzartig erkannte er, was Karma für ihn bedeutete. Er ging zurück zu Narada, band ihn los und sagte: „Mahatma, in Unwissenheit habe ich viele Sünden begangen, wie ich erst jetzt verstehe. Bitte sei so freundlich und sage mir, wie ich das tilgen kann. Bitte führe mich!" Narada tröstete den Räuber mit den Worten: „Fürchte dich nicht! Es gibt einen Namen, der sogar den größten aller Sünder erlöst." Dann initiierte Narada Ratnakara in die Meditation und gab ihm als Mantra den Namen Rama. Ratnakara war ganz hingerissen von der Süße des Namens. Naradas Anweisung folgend, ging er tief in den Wald und saß hinfort dort in stiller Meditation. Anfangs lebte er von Wurzeln und Beeren, aber schließlich verlor er sein Körperbewusstsein völlig und saß unbeweglich wie ein Stein, ohne die Augen zu öffnen. Während er so saß, vergingen die Jahre und Insekten, Würmer und Ameisen krabbelten furchtlos in seine Nähe und auf ihm herum, bauten sogar ihre Behausungen und Nester auf seinem Körper. Eines

Tages erklang eine himmlische Stimme, die sagte: „Erhebe dich, oh Weiser! Deine Sünden sind dir vergeben, du hast ein neues Leben und einen neuen Namen – Valmiki, das heißt, der in einem Ameisenhügel Geborene."

Valmiki hatte den ihm innewohnenden Atman erkannt.[27] Er richtete dann auch seinen eigenen Ashram ein, wo ihn der Weise Narada später besuchte. Bei diesem Besuch erzählte Narada Valmiki kurz die Geschichte von Rama, und davon war Valmiki so beeindruckt, dass er sie nicht mehr vergessen konnte.

Eines Tages, als Valmiki am Ufer des Ganges lief, sah er zwei schöne Vögel (ein Reiherpaar) voller Freude im Liebesspiel am Himmel fliegen. Valmiki bewunderte die herrlichen Vögel, als einer von ihnen plötzlich von einem Pfeil getroffen zu Boden stürzte. Als Valmiki das sah, wurde er sehr zornig über den Jäger, der den Vogel getötet hatte, und verfluchte ihn mit dem Ausruf: „Eine Zukunft, oh Jäger, wirst du nicht haben, weil du den Reiher mitten in seiner Liebe getötet hast!"

Von seinen eigenen Worten überrascht, dachte er: „Warum wurde ich so zornig, dass ich den Jäger verflucht habe?" Sein zweiter Gedanke war: „Die Worte dieses Fluchs kamen in Form eines schönen Verses mit einem gewissen Metrum und Rhythmus. Wie kommt das? So spreche ich doch sonst nicht." In derselben Nacht hatte er eine göttliche Vision, in der Lord Brahma (das Göttliche) erschien und

---

27. Dies ist die Wahrnehmung des Schreibers von den Ereignissen, die zu der Verwandlung des Straßenräubers Ratnakara und zu seiner Metamorphose zu Rishi Valmiki geführt haben, von welchem die Nachwelt das Ramayana erhielt. Die Inspiration dazu wurde aus verschiedenen Artikeln (einige davon aus dem Internet) gezogen. Für kleinere Kinder könnte diese Geschichte zu kompliziert sein. Sie eignet sich jedoch gut als Basis für eine Diskussion zur Bedeutung von Karma, Nishkamakarma und der Notwendigkeit von rechtem Handeln (dharma). Auch als Grundlage für ein Theaterstück kann sie genutzt werden.

ihm auftrug, das Ramayana zu schreiben in demselben Metrum und Rhythmus, die er beim Fluch an den Jäger verwendet hatte. Dann sah er das ganze grandiose Epos des „Ramayana" vor seinem inneren Auge und schrieb es mit größter Sorgfalt nieder, zur Freude zahlloser Generationen spiritueller Sucher.

Valmiki selbst spielte sogar eine wichtige Rolle in dem eigentlichen Drama, das im Ramayana beschrieben wird. Valmiki gab Sita einen Platz in seinem Ashram, nachdem sie von dem Dämonen Ravana gekidnappt worden war. Hier war es auch, wo Sita ihre zwei Söhne gebar, auch wurde später Lord Rama hier mit seinen Söhnen vereint.

Der Wert FRIEDEN

und entsprechende Geschichten

Wahrer **Frieden** ist Gleichmut, ein stabiler Gemütszustand. Er ist ein ruhiger, ausgeglichener Gemütszustand, in dem wir Gleichmut erfahren, welche Aktivitäten auch immer wir dabei unternehmen. Immer ruhig wie „im Zentrum des Sturms". Sich immer treu sein, keinerlei Auf und Ab erleben. Frieden ist Liebe im Fühlen, ein dynamischer Geisteszustand, der sich selbst kreativ ausdrückt.

Einige wichtige, praktische Aspekte von Frieden sind:

- Ein stabiler Geisteszustand – keine inneren Konflikte
- Hingabe (Übergabe/Das Leben kommt auf mich zu)
- Erwartungen und Anhaftungen reduzieren
- Begrenzung der Wünsche
- Zufriedenheit
- Kreativität
- Guten Kontakt zum Innersten haben
- Ein stilles, freudiges Gefühl, dass alles gut ist
- Leben im Augenblick, im Hier und Jetzt

38. Das größte Mantra

Es war einmal,
irgendwo in Europa, ein junger Mann. Der hieß Willi und war unglücklich und durcheinander. Er hatte kürzlich seine Arbeit verloren, seine Freundin hatte ihn verlassen und er dachte, alle und alles sei gegen ihn. Er hatte definitiv keinen Seelenfrieden. In seinem Gemüt tauchten Gedanken auf wie: „Warum passiert mir das? Warum ich? Was habe ich falsch gemacht? Wie sollte ich mich verhalten? Was könnte ich tun, um meinen Seelenfrieden wiederzufinden?"

Der junge Mann hatte viele Freunde – wie die meisten jungen Leute. Sie pflegten zusammen rumzuhängen und diskutierten über dies und das. Oftmals kamen sie zu keinem Ende und manchmal hatten sie sehr hitzige Diskussionen, über Fußball, Autos, Politik, Arbeit und das andere Geschlecht – über alles. Eines Abends vertraute sich Willi einem Freund an und gestand ihm, dass er sehr unglücklich und ständig schlecht gelaunt war und keine innere Ruhe fand. Der Freund hörte aufmerksam zu und sagte dann: „Ich habe von einem Guru gehört, einem großen Lehrer, der in Indien lebt, irgendwo im Himalaya. Man sagt von ihm, er gäbe ein besonderes Mantra und brächte dadurch Seelenfrieden. Warum fährst du nicht hin und besuchst ihn?"

Willi war zuerst sehr zögerlich, für ein Friedensmantra so eine weite Reise auf sich zu nehmen. Aber seine Neugier war geweckt und er begann zu forschen, wo genau der Guru wohnte. Da er aber weiterhin so unglücklich und mit seinem Leben unzufrieden war, sogar schon die Neigung entwickelte hatte, mit anderen zu streiten, merkte er, dass er etwas tun müsse, um seinen Frieden wiederzufinden. Um das Geld für die Reise zusammenzubringen, fing er an, seine Sachen zu verkaufen. Viele, ihm liebgewordene Dinge waren zu verkaufen, darunter sein Kleinwagen und sein Mountainbike, aber dadurch ließ er sich nicht von seinem Entschluss abbringen. Unbedingt wollte er seinen Seelenfrieden und jetzt war er ganz sicher, er wollte los, um den geheimnisvollen Guru zu besuchen, der durch die Vergabe eines Mantras einfach Frieden schaffen konnte. So traf er sich eines Abends mit all seinen Freunden, um sich zu verabschieden, und am nächsten Morgen fuhr er zum Flughafen und flog nach Indien.

Als er in Indien ankam, gönnte er sich erst einmal eine Ruhepause und zog dann weiter in den Himalaya. Eine lange und umständliche Reise war das, zuerst mit dem Zug und dann mit mehreren Bussen. Es war keine bequeme Reise. Das Essen war sehr scharf gewürzt und er musste sehr aufpassen, womit er seinen Durst löschen konnte. Außerdem war es die heiße, trockene Jahreszeit und die Straßen waren sehr staubig. Jemand erzählte ihm, dass man in Indien drei Zuständen nicht entkommen kann: Staub, Durchfall und Göttlichkeit. Willi war auf der Suche nach der göttlichen Intervention, um Frieden zu finden. Auf Staub und Schmutz traf er zweifellos — und schließlich bekam er auch Durchfall. Deswegen musste Willi mehrere Wochen in einem kleinen Dorf im Bett bleiben. Er konnte kaum etwas essen und verlor eine Menge Gewicht. Jedoch fühlte er in seinem Innern eine große Leichtigkeit, fast war er in einem entrückten Geisteszustand. Er brannte darauf, seine Reise fortzusetzen und den geheimnisvollen Guru zu treffen.

Schließlich erreichte er den Himalaya. Er erkundigte sich nach dem kürzesten Weg zu dem Guru, den er suchte, und fand tatsächlich jemanden, der den Guru kannte. Es stellte sich heraus, dass er einen Führer anheuern musste. Dem bezahlte er drei Tageslöhne, und eines frühen Morgens machten sie sich auf, um einen der Berge zu besteigen.

Nach drei Tagen sagte der Führer zu Willi, dass nur noch wenige Meilen geradeaus zu gehen seien, dann käme er zu einem kleinen Plateau, und da würde der Guru vor seiner Höhle sitzen. Der Führer verabschiedete sich und Willi ging jetzt allein weiter. Bei Sonnenuntergang kam er zu dem Plateau und da der Guru nicht zu sehen war, packte Willi seinen Rucksack aus, aß etwas, legte sich in seine Decken und schlief ein.

Als Willi am nächsten Morgen aufwachte, saß der Guru schon vor seiner Höhle, und wie Willi zu sehen glaubte, in tiefer Meditation. Willi setzte sich dem Guru gegenüber und wartete geduldig. Nach einer Weile öffnete der Guru die Augen, blickte Willi an und sagte mit sanfter melodiöser Stimme: „Junger Mann, was willst du?" Willis Herz schien einen Hüpfer zu machen. Er schluckte und fing an, dem Guru alles zu erzählen, was ihn bedrückte: Dass er seine Arbeit verloren und seine Freundin ihn verlassen habe und dass er jetzt auch seinen Seelenfrieden verloren habe. Er endete mit den Worten: „Meister, ich habe all meinen Besitz verkauft, um hierherzukommen und Euch zu treffen. Es war eine lange Reise. Ich bin sogar krank geworden und musste lange in einem kleinen Dorf bleiben. Ich habe eine Menge Gewicht verloren, aber noch immer habe ich keinen Seelenfrieden. Schließlich bin ich hier angekommen und nun bereit, das heilige Friedensmantra von Euren Lippen zu empfangen."

Der Guru blickte Willi lange an und Willi schaute voller Erwartung auf den Guru. Da der Guru überhaupt nichts sagte, bemerkte Willi: „Sie haben nun von all meinen Problemen gehört, von all dem, was ich durchgemacht habe. Sicher werden Sie verstehen, dass es für mich nicht leicht war. Ich brauche Hilfe. Bitte sprechen Sie mit mir!"

Nach einer Weile lächelte der Guru, schaute Willi gerade in die Augen und antwortete mit zehn einfachen Worten: „Ja, es ist gewiss Wahrheit in dem, was du sagst."

„Ja, natürlich, Meister, aber was ist mit dem Mantra? Bitte geben Sie mir ein Mantra!" Der Guru antwortete nicht sofort, aber Willi insistierte: „Meister, das Mantra, bitte!" Der Guru lächelte wieder und sagte bloß: „Das Mantra habe ich dir doch schon gegeben, was willst du sonst noch?" Etwas ungeduldig sagte Willi: „Meister, Sie haben mir kein Mantra gegeben, sondern einfach gesagt: ‚Ja, es ist gewiss Wahrheit in dem, was du sagst.'" „Ja, ja, genau", antwortete der Guru, „das ist das Mantra."

„Das kann doch nicht wahr sein", sagte Willi. Jetzt war er sehr aufgebracht. „Das kann doch kein Mantra sein. Haben Sie nicht mehr zu sagen?" Der Guru schüttelte den Kopf, lächelte und beschloss die Unterredung, indem er in seinen vorherigen Meditationszustand zurückkehrte. Jetzt wurde Willi sehr, sehr zornig.

Er schrie: „Sie, ein Guru? Das ist doch bloß Humbug, einfach Betrug! Ich bin doch nicht den ganzen Weg hierhergekommen, um mir so einen vagen Allgemeinplatz anzuhören. Da ist doch nichts Göttliches dran." Da der Guru keinerlei Reaktion zeigte, begann Willi den Abstieg von dem Plateau, die ganze Zeit den Guru und die ganze Erfahrung als Humbug und Schwindel verfluchend.

Wochen brauchte er, um nach Hause zu kommen. Willi war noch immer aufgebracht, aber immer weniger. Schließlich kam er zu Hause an. All seine Freunde kamen und fragten wissbegierig nach seiner Reise: „Wie war's? Hast du jetzt dein Friedensmantra? Funktioniert das? Lass mal hören, erzähl doch mal!" Willi erzählte von der schwierigen Reise und der Begegnung mit dem Guru und dass er bloß diese mysteriöse Antwort von dem Guru erhalten hatte. Zuerst waren seine Freunde verblüfft. Wie konnte das sein? Dann sagte einer von ihnen: „Aber das ist doch Humbug, ein übler Trick, reiner Schwindel." Andere stimmten bald darauf ein: „Ja, das ist Humbug! Du hast all deine Zeit und dein Geld für nichts ausgegeben! Du bist betrogen worden!"

Willi lächelte einfach. Er blickte auf seine aufgebrachten Freunde und begriff, dass er selbst jetzt sich über seinen Seelenfrieden freute. Dann antwortete er ihnen mit sanfter Stimme und den vertrauten zehn Worten: „Ja, es ist gewiss Wahrheit in dem, was ihr sagt."

39. „Du sorgst und mühst dich um vieles, aber nur eins ist wirklich nötig"[28]

Es war einmal

eine alte Dame, die an ihrem einhundertsten Geburtstag von einem Zeitungsjournalisten interviewt wurde. In einigen Ländern ist es Sitte, dass ein Mensch, der den einhundertsten Geburtstag erlebt, vom König ein Telegramm erhält und die Lokalpresse die gefeierte Person an diesem Tag interviewt. Das geschah auch einer Dame namens Maren, die, in ihren besten Kleidern, bereitwillig Fragen beantwortete und für Fotos posierte.

„Wie war das so für Sie, so ein hundert Jahre langes Leben?", fragte der Journalist. „Oh mein Lieber, mein Lieber", antwortete Maren, „eine lange Reihe von Mühen und Sorgen und Arbeit war das." „Wirklich?", bemerkte der Journalist mit fragendem Blick. „Wie kam das denn?" „Ja, ja", antwortete Maren, „viele Sorgen,

---

28. Ein Zitat aus der Bibel: Lukas 10,41. Die innere Bedeutsamkeit dieses Zitates könnte ebenso diskutiert werden wie die allgemeine Tendenz, sich über alle möglichen Dinge Sorgen zu machen, die eigentlich jenseits unserer Kontrolle sind.

über dies und das, was passieren könnte. Sorgen, Sorgen, weiß Gott, ich habe mich genug gesorgt. Ja, ja, über so viel muss man sich heutzutage Sorgen machen, nicht wahr? Aber dank dem lieben Gott stellte sich heraus, dass die meisten Sorgen gar nicht nötig waren."

40. Eine Jungfer in Schwierigkeiten

Es waren einmal

zwei Mönche, die von ihrem Kloster weit zu einem anderen Kloster laufen mussten, da sie versetzt worden waren. Einer der beiden war ein älterer, erfahrener Mönch, der andere ein Novize. Auf ihrem Weg kamen sie an einen Fluss, und während sie nach einer Furt Ausschau hielten, wo sie ihn sicher durchqueren könnten, trafen sie auf eine schöne junge Frau, die weinend am Flussufer saß. „Ja, was ist denn los?", fragte der alte Mönch. „Oh, ich habe solche Angst", schluchzte die junge Frau, „die Strömung ist so reißend. Ich muss da hinüber, aber ich traue mich nicht. Könnt ihr mir nicht helfen?" Der alte Mönch schaute die junge Frau voller Mitgefühl an und antwortete: „Ja, natürlich können wir helfen", er kniete nieder und fuhr fort: „Steig auf meine Schultern und ich bring dich sicher ans andere Ufer!" Die junge Frau stieg auf die Schultern des alten Mönchs, der hielt sie mit festem Griff an den Schenkeln, und während er den Fluss durchquerte, sprach er sanft und beruhigend mit ihr.

Der junge Mönch folgte schweigend. Seit sie die junge Frau getroffen hatten, hatte er kein Wort mehr gesagt, und ganz offensichtlich konnte er gar nicht gutheißen, was der alte Mönch da machte. Als sie ans andere Ufer kamen, setzte der alte Mönch die junge Frau sanft auf dem festen Boden ab und sagte: „War doch gar nicht so schlimm, oder?" „Nein", antwortete die junge Frau „ich danke euch. Ich bin euch sehr dankbar, dass ihr mir geholfen habt. Ich weiß nicht, was ich getan hätte, wenn ihr nicht zu meiner Rettung gekommen wäret." Der alte Mönch lächelte bloß und wünschte ihr mit einer segnenden Geste Lebewohl, dann verließen er und der junge Novize die junge Frau und setzten ihren Weg fort.

In den Gedanken des jungen Mönches jedoch herrschte Aufruhr. Er hatte gesehen, wie der alte Mönch die junge Frau auf seinen Schultern getragen hatte und konnte sich gar nicht damit abfinden. Die Gedanken in seinem Kopf hörten gar nicht auf zu kreisen und nachdem sie einige Meilen in Schweigen gewandert waren, brach es plötzlich voller Empörung aus ihm hervor: „Wie konntest du nur? Ich hab's genau gesehen! Ich habe gesehen, wie du die junge Frau auf deine Schultern genommen hast und wie du ihre Schenkel fest-gehalten hast. Wie konntest du bloß? Das hätte ich nicht von einem alten, ehrwürdigen Mönch wie dir gedacht, der doch wissen sollte, dass er besser seine Finger von jungen Frauen lassen sollte. Ich bin sehr enttäuscht." Der alte Mönch schaute den Novizen mit tiefem Mitgefühl an und antwortete bloß: „Ich habe einer Jungfer aus einer Verlegenheit geholfen und sie sicher über den Fluss getragen. Dann habe ich sie wieder abgesetzt. Das ist alles. Aber ich kann hören, dass du sie immer noch mit dir herumträgst".

41. Der König und seine fünf Frauen

Es war einmal

ein König, der hatte fünf Frauen. Das Leben war sehr schwer für den König, weil er über seine fünf Frauen keine Kontrolle hatte. Eine wollte immer den Palast verändern. Erst wollte sie neue Möbel. Dann stellte sie alles um, so dass der König nichts mehr wiederfinden konnte. Dann wollte sie neue Farben, neue Teppiche und neue Gemälde. Immer wollte sie alles verändern, wohingegen der König es vorzog, alles an seinem gewohnten Platz, ohne große Veränderung, zu haben. Eine andere Ehefrau war sehr am Kochen interessiert. Einmal wollte sie einen chinesischen Koch. Dann wollte sie einen französischen Koch. Dann wollte sie einen italienischen Koch. Immer wollte sie etwas Neues, wohingegen der König lieber das aß, was er kannte und mochte. Auch liebte sie Süßigkeiten und sehr zu des Königs Verdruss hatte sie eine Schokoladenschachtel auf ihrem Nachttisch neben dem Bett, was für den König oft sehr verführerisch war, wollte er sich doch seine schlanke Figur erhalten. Die dritte Ehefrau liebte Musik. Auch der König mochte Musik, aber seine Königin wollte große Konzerte im Palast oder im Schlosspark arrangieren, manchmal westliche Klassik-Konzerte, manchmal moderne Konzerte, manchmal Opern, manchmal Jazz, manchmal chinesische Musik, manchmal indische Musik. Ihr letzter Einfall war ein Sufi Rock-Orchester. Sie hatte immer neue Ideen und, wie all die anderen Ehefrauen auch, wollte sie stets den König daran beteiligen, dessen Musikgeschmack eher konservativ war. Die vierte Ehefrau war sehr an Mode und Schmuck interessiert. Sie besuchte französische, italienische, britische und amerikanische Modeschauen und wusste alles über die jeweils tonangebenden Modeschöpfer. Sie pflegte ihren König zu bitten, sie zu den Modeschauen zu begleiten, was dieser ausgesprochen langweilig fand. Die fünfte Ehefrau hatte eine Schwäche für Parfüms und exotische Düfte und fragte den König dauernd, ob dieser oder der andere Duft besser sei. Auch zündete sie im Palast Räucherstäbchen an, worauf der König dann andauernd niesen musste.

Alles in allem erlebte der König, dass seine fünf Ehefrauen ständig etwas von ihm wollten, sie erwarteten von ihm, eine Meinung zu diesem oder jenem zu äußern oder sogar sich auf die Verrücktheiten des Augenblicks einzulassen. Nach seinem Gefühl hatte er nie Frieden, wegen seiner fünf Ehefrauen.

Doch hatte der König einen sehr weisen Premierminister. Als eines Tages das ganze Theater der Frauen des Königs Nerven an den Rand brachten, wandte er sich an seinen Premier und sagte: „Sie sind als Spitzenpolitiker dieses Landes gewählt worden und sollten wohl der weiseste Mann im ganzen Land sein. Meine fünf Ehefrauen nerven mich ständig. Ich kann sie nicht kontrollieren und habe deshalb keinen Frieden. Seien Sie doch so freundlich, für mich herauszufinden, wie ich sie kontrollieren kann, und sagen Sie mir, was ich tun muss." Der Premierminister antwortete: „Eure Majestät, sofort werde ich eine Kommission mit Repräsentanten der führenden politischen Parteien und einigen unserer hervorragendsten Wissenschaftlern zusammenstellen, die sich mit dieser Sache befassen, und in wenigen Monaten werden sie Euch ein Weißbuch zu diesem Thema vorlegen."

„Nein, nein!", rief der König aus. „Sie werden das nicht in einem langsamen Komitee auf die lange Bank schieben. Sie sind der Premierminister und müssen die Antwort finden. Ich erwarte die Antwort von Ihnen bis morgen. Darüber will ich keine Diskussion!"

Der Premierminister spürte, dass der König sich in einer prekären Situation befand und in dem Zusammenhang empfindlich war. Deshalb sagte er: „Eure Majestät, ich verstehe Euer Problem völlig. Ich kann meine Frauen auch nicht kontrollieren. Aber bestimmt werde ich Euch morgen eine Lösung vorschlagen können, so wie Ihr es wünscht."

Diese Nacht konnte der Premier nicht schlafen. Das Problem kreiste in seinem Kopf und schlaflos wälzte er sich in seinem Bett, bis er schließlich am frühen Morgen so erschöpft war, dass er einschlief. Plötzlich wachte er auf. „Heureka, ich hab's." Blitzartig hatte er erkannt, wie das Problem zu lösen war. Er zog sich an und ging zum König. Nach kurzer Zeit wurde er zur Audienz vorgelassen, wo ihn der König sofort fragte: „So, mein lieber Premierminister, haben Sie eine Lösung gefunden?" Der Premier lächelte und sagte: „Ja, Eure Majestät, in der Tat, das habe ich." „Lassen Sie hören!", antwortete der König ungeduldig. „Mein König", sagte der Premierminister, „ich schlage vor, dass Ihr sofort einen Befehl an alle Ehemänner im ganzen Königreich erlasst, dass sie sich an einem bestimmten Tag hier im königlichen Palast einfinden müssen. Wir werden dazu zwei große Zelte im Park errichten. An einem Zelt wird es ein Hinweisschild mit der Aufschrift geben: ‚Für Ehemänner, die ihre Frauen kontrollieren können', an dem anderen Zelt wird der Hinweis lauten: ‚Für Ehemänner, die ihre Frauen N I C H T kontrollieren können.' So können wir diejenigen, die ihre Frauen nicht kontrollieren können, von denen trennen, die dazu in der Lage sind. Die letzteren können wir dann befragen und so herausfinden, was deren Geheimnis ist." Der König war beeindruckt: „Geniale Idee!", sagte er. „Jetzt ist mir völlig klar, warum Sie der Premierminister sind. Ja, so wird es sicher gehen. Sofort werde ich den Befehl erlassen."

Gesagt, getan, und der königliche Befehl war erlassen. Natürlich brauchte das etwas Vorbereitungszeit, deshalb wurde den Ehemännern zwei Wochen Frist gegeben, um dem Befehl zu entsprechen. Als idealer Tag für das Ereignis wurde ein Sonntag gewählt.

Die Zeit verging. Jedoch sehr langsam. Der König und sein Premier konnten den Sonntag kaum erwarten. Endlich kam der ersehnte Tag. Vom frühen Morgen an strömten die Ehemänner zu den Gärten des Palastes. Von einem Fenster in der ersten Etage des Palastes wurden sie vom König und seinem Premier beobachtet. Die beiden waren bereit, die Treppe hinunterzueilen und mit den Interviews der Ehemänner, die ihre Ehefrauen kontrollieren können, zu beginnen.

Zu ihrer Bestürzung schienen jedoch alle Ehemänner in das Zelt für jene Ehemänner zu eilen, die ihre Frauen nicht kontrollieren können. Bald war das Zelt buchstäblich gestopft voll mit diesen Ehemännern.

Es dunkelte inzwischen und nur noch ein paar einzelne Ehemänner kamen an. Inzwischen hatte den König und seinen Premier alle Hoffnung verlassen. Beide waren auch ziemlich müde, als der Premier in die Richtung vor sich wies und laut rief: „Eure Majestät, schaut doch! Könnt ihr den kleinen Mann sehen? Er geht geradewegs auf das andere Zelt zu." Und so war es. Der Mann ging tatsächlich in das andere Zelt, das für jene Ehemänner reserviert war, die ihre Frauen kontrollieren konnten.

Der König und sein Premier eilten die Treppe hinunter. Der Premier drei Schritte hinter dem König, so wie das bei den Herrschern

Brauch ist. Eigentlich rennen Könige nicht, doch dieser König war in der Tat sehr flink unterwegs, einen Mann zu treffen, der ihm die Lösung seines Problems liefern könnte. Könige haben auch nicht die Gewohnheit, Untertanen anzusprechen. Deshalb war es an dem Premier, den kleinen Mann anzusprechen, der ganz allein in dem großen Zelt stand: „Mein guter Mann, der König ist sehr glücklich, Sie zu sehen. Es ist in der Tat ein Vergnügen, einen Mann zu treffen, der seine Ehefrau kontrollieren kann. Jetzt würde der König gerne wissen, wie Sie das machen, und hat deshalb ein paar Fragen an Sie." Bei diesen Worten wurde der kleine Mann ganz bleich. Mit versagender Stimme stotterte er: „Majestät es tut mir wirklich sehr leid, mich hier wiederzufinden, aber Tatsache ist, das ich definitiv völlig unfähig bin, meine Frauen zu kontrollieren." Als er das hörte, wurde der König sehr ärgerlich. Er wies auf das andere Zelt und schrie den kleinen Mann direkt an: „Wie kannst du es wagen, die Zeit deines Königs so zu verschwenden? Wenn du deine Frauen nicht kontrollieren kannst, musst du sofort in das andere Zelt hinübergehen." Inzwischen zitterte der kleine Mann am ganzen Körper und stotterte: „Eure Majestät, es tut mir so leid, Ihr könnt mit mir machen, was Ihr wollt, aber unter keinen Umständen werde ich dieses Zelt hier verlassen." Jetzt war der König nicht mehr zu halten, in Rage und mit sich überschlagender Stimme schrie er „Warum?" Der kleine Mann sah den König gerade an und antwortete mit fester Stimme: „Eure Majestät, es tut mir so leid, aber ich muss hier in diesem Zelt bleiben, weil meine Frauen es mir ausdrücklich befohlen haben."

Diese Geschichte wurde ursprünglich von Sathya Sai Baba in seinem Buch „Prema Vahini" erzählt, um zu illustrieren, wie der Mensch durch seine fünf Sinne regiert wird. Sie erscheint auch in „Chinna Katha",

Vol II, unter dem Titel Mindcontrol. Die gegenwärtige Version dieser Geschichte habe ich entwickelt. Das heißt, dass durch das oftmals wiederholte Erzählen dieser Geschichte auf meine Art sie tatsächlich zu meiner Geschichte geworden ist. Meine Leitlinien dafür sind, dass ich nicht das Gefühl habe, Fakten hinzuzufügen, sondern eher, dass ich die Geschichte lieben und die Beziehung zwischen den Charakteren in der Geschichte und der in ihr enthaltenen spirituellen Botschaft betonen sollte.

42. Wie viele Leben noch?

Vor vielen, vielen Jahren
war der Weise Narada auf dem Weg zum Berge Kailash, dem Wohnort der Gottheit Shiva. Auf seinem Weg kam er zu einem jungen Schäfer, der beim Hüten der Schafe auf seiner Flöte spielte. Der junge Schäfer spürte, dass Narada ein heiliger Mann war, unterbrach sein Flötenspiel und fragte ihn nach seinem Weg. Narada gab ihm Auskunft, worauf der Schäfer sagte: „Herr, ich wäre Euch höchst dankbar, wenn Ihr mir einen ganz besonderen Gefallen tun könntet. Ich würde sehr gerne wissen, wie viele Leben ich noch vor mir habe, bevor ich Befreiung (moksha) erreiche." Narada versprach, dass er diese Frage stellen wolle. Der junge Schäfer neigte sein Haupt verehrungsvoll und berührte Naradas Füße, wobei er sagte: „Herr, ich bin sehr dankbar für Eure Zusicherung, und werde Eure Rückkehr voller Ungeduld erwarten."

Auf dem Weg zum Kailas musste Narada durch einen Wald laufen. Hier kam er an einem Einsiedler vorbei, der unter einem Baum in tiefer Meditation saß. Er war schon so lange bewegungslos, dass die Ameisen ihn für einen Stein gehalten und als Basis für ihren Ameisenhügel genutzt hatten. Jedoch spürte der Einsiedler, dass eine starke Kraft sich ihm näherte, und unter großen Schwierigkeiten öffnete er einigermaßen die Augen, rieb sie sich, räusperte sich und fragte: „Swami, seid ihr auf dem Weg zu Shivas Wohnsitz?" Narada bestätigte, dass er auf dem Weg dorthin war. Dann fuhr der Einsiedler fort: „Swami, das habe ich mir gedacht, aber ich wollte sicher sein. Seht Ihr, ich sitze schon seit Jahren hier in tiefer Meditation, bete um Erlösung. Nun hat der liebe Gott Euch mir über den Weg geschickt und mir eine einzigartige Gelegenheit gegeben. Wäret Ihr so freundlich, Gott Shiva zu fragen, ob ich wiedergeboren werden muss? All diese Jahre habe ich immerzu um Befreiung (moksha) gebetet. Euer Erscheinen ist sicherlich ein Zeichen seiner Liebe zu diesem demütigen Devotee. In seiner übergroßen Gnade könnte ich bald die Antwort auf meine Gebete durch Euch erhalten." Narada lächelte und bestätigte: „Das ist in der Tat eine fromme Hoffnung. Ich werde für dich beten und deine Frage stellen." Der Einsiedler war angesichts der baldigen Antwort auf seine Frage, direkt vom Göttlichen, höchst erfreut.

Narada erreichte den Berg Kailash und traf mit Shiva und seiner Gemahlin Parvati zusammen. Er hatte eine Reihe von Themen, bei denen er göttliche Führung brauchte und er erinnerte sich auch der zwei Fragen, die vorzubringen er versprochen hatte.

Auf seinem Weg zurück vom Berg Kailash kam Narada wieder durch den Wald, wo der Einsiedler schon auf seine Rückkehr wartete. Der Einsiedler war bereits in tiefer Meditation, aber da er die Ankunft Naradas spürte, öffnete er die Augen und fragte: „Swami, habt Ihr gefragt? Wie war die Antwort, sagt es mir freundlicherweise!" Narada erwiderte: „Mein guter Mann, natürlich habe ich gefragt. Shiva ist sehr erfreut über dich und sagte, dass du nur noch eine weitere Inkarnation erleben musst." Der Eremit brach in Tränen aus, als er das hörte, lamentierte und raufte sich die wenigen Haare, die ihm noch geblieben waren, während er stammelte: „Das, das kann doch nicht war sein! Nochmal ein ganzes Leben in diesem Tränental! Ein ganzes Leben! Die vielen Jahre, alle noch einmal! Oh, ich Unglücklicher, was bin ich doch für ein Pechvogel!" Narada schaute ihn voller Mitgefühl an und sagte: „Es tut mir ja so Leid, aber das ist die Botschaft, die zu bringen ich den Auftrag hatte." Mit diesen Worten ging er weiter und ließ den Eremiten mit seinem Schmerz alleine.

Nach einiger Zeit kam Narada zu der Wiese, wo der junge Schäfer sein Flötenspiel unterbrach, sobald er den Weisen erblickte. Ungeduldig fragte er: „Herr, ich bin sehr beglückt, Euch wiederzusehen, habt Ihr den lieben Gott fragen können, wie viele Leben mir noch bleiben?" „Ja, habe ich", antwortete Narada, „aber bevor ich dir sage, was Shiva gesagt hat, sei du so gut und sage mir, unter welchem Baum hältst du deinen Mittagsschlaf?" „Kein Problem", antwortete der junge Schäfer und zeigte auf einen Tamarindenbaum ganz in der Nähe, „der Baum ist da drüben." Narada schaute traurig drein, während er sagte: „Oh, wie schade, dass du gerade diesen Baum ausgewählt hast. Kein anderer hat so viele Blätter wie dieser Tamarindenbaum." „Was meint Ihr?", fragte der junge Schäfer nach. „Ach, weißt du", fuhr Narada fort, „Lord Shiva sagte mir, dass du noch so viele Leben vor dir hast, wie Blätter an dem Baum sind, unter dem du deinen Mittagsschlaf hältst." „Oh, das ist aber doch gut!", rief der junge Mann zu Naradas Überraschung aus, „ die sind nicht unendlich. Ich meine, die lassen sich zumindest zählen. So bin ich sehr, sehr glücklich! Durch Gottes Gnade ist tatsächlich Befreiung für mich in Sicht. Danke Gott, ich liebe dich sehr!" Er spielte einen freudigen Triller auf seiner Flöte und tanzte glücklich umher, während er sprach.

In genau diesem Moment erschien vor dem Flöte spielenden Schäfer das Göttliche in der Form von Shiva und sagte: „Mein Sohn, selig sind, die reinen Herzens sind. Deine Unschuld und dein Glaube haben dich wahrlich erlöst. Du bist wirklich bereit, in mich einzugehen. Ich gewähre dir Moksha, jetzt!"[29]

---

29. Die Geschichte ist auch in „Divine Stories", Volume I, unter dem Titel „Narada und die Yogis" zu finden. Natürlich kann die Geschichte auch in Verbindung mit dem Wert Wahrheit und mit dem Wert Liebe erzählt werden.

43. Der Hund im Spiegelsaal

Es war einmal

ein kleiner Hund, ein weißer Terrier, der sich an einem Sonntagnachmittag versehentlich in einen Vergnügungspark verirrt hatte. Dort gab es viele Menschen und eine große Zahl lärmender Kinder. Die Menschen riefen und lachten und man konnte lautes Knallen aus einem Zelt hören, wo Menschen mit Gewehren auf ein Ziel feuerten. In dieser lärmigen Umgebung fühlte der Hund sich unwohl, deshalb suchte er nach einem ruhigen Ort. Auf seiner Suche kam er an ein Haus, das so aussah, als könne man sich darin ruhig aufhalten, vielleicht sogar ein kleines Schläfchen machen. Das Haus war ein Spiegelkabinett, das wegen Reparaturarbeiten vorübergehend geschlossen war. Der kleine Terrier fand jedoch eine Stelle, wo er ganz leicht hineingelangen konnte.

Der Hund lief in dem leeren Haus umher, auf der Suche nach einem netten, ruhigen Plätzchen. Er fand keine Menschen in dem Haus, aber es schien einige andere Hunde zu geben, die sich in dem Haus umschauten. Einige schienen ziemlich groß zu sein und andere hatten komische Formen, die der kleine Terrier kein bisschen mochte. All diese Hunde, die natürlich nichts anderes als die Reflexionen des kleinen Hundes in den verschieden geformten Spiegeln waren, beunruhigten den kleinen Terrier. Jedoch ist ein Terrier nicht so leicht zu ängstigen, also schlenderte er weiter durch die Räume.

Plötzlich sah er in einem der Räume, wie ein anderer Hund ihn direkt anschaute. Der Terrier mochte die Blicke dieses anderen Hundes nicht leiden, deshalb knurrte er ein leises, tiefes Knurren, jene Art von Knurren, das Hunde hervorbringen, um einem anderen Hund zu sagen: „Ich hab keine Angst vor dir!" Jedoch besaß der andere Hund die Dreistigkeit, dem Terrier gerade in die Augen zu sehen und auch zu knurren. Das ärgerte den Terrier ziemlich und er dachte: „Was denkst du, wer du bist? Ich fürchte mich vor niemandem und ganz bestimmt nicht vor dir, also verziehst du dich am besten." Mit solchen Gedanken fing er an zu bellen und gleichzeitig tat er einen Schritt nach vorn. Der andere Hund tat genau dasselbe und bellte. Das war zu viel für den tapferen, kleinen Terrier, der dachte: „So, du willst also nicht nachgeben! Du denkst wohl von uns beiden bist du der Stärkere. Aber ich werde dir zeigen, dass mich niemand zum Narren hält." Mit einem wütenden Knurren sprang er dem vermeintlichen anderen Hund an die Kehle.

Das Ergebnis war unerwartet. Der Kampf zwischen dem Hund und seinem Spiegelbild war hart und geräuschvoll. Das klirrende Geräusch von zersplitterndem Glas war ohrenbetäubend und der Spiegel zerbarst in hundert Stücke. Aus jedem dieser Stücke schien ein anderer Hund auf den kleinen, weißen Terrier zu blicken. Was tust du, wenn du dich solch einer Übermacht gegenübersiehst? Du ergibst dich einfach dem Feind. Gegen solche bedrohlichen Widerwärtigkeiten gibst du einfach auf. Genau das tat dieser tapfere, kleine Terrier. Dass er sich nur selbst in den vielen Spiegeln gesehen hatte, davon ahnte er nichts . Er rannte einfach mit eingeklemmtem Schwanz weg und ließ das seltsame Haus mit den vielen feindlichen Hunden hinter sich.[30]

---

30. Die Geschichte könnte auch in Verbindung mit dem Wert Wahrheit erzählt werden.

44. Die Straßenfeger

Es war einmal

ein junger Mann, der wirklich Befreiung (moksha) erlangen wollte. Er hatte von einem Guru (spiritueller Lehrer) gehört, der Moksha übertragen konnte, also machte er sich auf den Weg zu seinem Ashram.

Er hatte das Glück, dass der Guru ihn noch am Tag seiner Ankunft empfing. „Was wünschst du?", fragte der Guru und schaute den jungen Mann forschend an. „Swami (spiritueller Lehrer)", antwortete der junge Mann, „ich bin ein spirituell Suchender. Mehr als alles andere will ich Verwirklichung. Ich will konstant integriertes Bewusstsein und bin zu Ihnen gekommen, weil ich gehört habe, dass Sie einem verdienten Suchenden Befreiung vermitteln."

„Ja", sagte der Guru, „es ist möglich, aber zuerst musst du in Frieden sein, deshalb wird dir im Ashram eine kleine Hütte zugewiesen. Jeden Tag musst du einem strengen Programm folgen. Meditation und Gebet von 4.00 bis 8.00 Uhr, danach Küchendienst in der Ashramküche bis 12.00. Danach Dienst für die Gemeinschaft mit meinen Jüngern in den Dörfern der Umgebung bis 4.00 Uhr nachmittags und am Abend betest und meditierst du wieder. Wenn du vollständigen inneren Frieden erfährst, kommst du zu mir, dann werden wir weitersehen."

162

Der junge Mann war überaus erfreut durch die Aussicht auf Befreiung. Er ging in die Hütte, die sich bloß als ein kleiner Raum ohne jede Annehmlichkeiten herausstellte. Auf dem Fußboden gab es eine Matratze und saubere Bettwäsche, aber die Toilettenanlage war außerhalb. Auf einem kleinen Tisch fand er auch eine Öllampe und eine Streichholzschachtel.

Der junge Mann setzte sich mit gekreuzten Beinen und begann zu beten. Nachdem er etwas Frieden gefunden hatte, zündete er die Öllampe an und bereitete sich auf die Meditation vor. Er blickte in die flackernde Flamme und stellte sich vor, dass das Licht zwischen seinen Augen in seinen Körper kam und in seinem Herzen sich ausbreitete. Er begann So 'ham („Ich bin Das") zu wiederholen und nach einiger Zeit wandelte sich dies zur heiligen Silbe Om. Der Klang, so schien es, hallte zuerst in seinem Kopf wieder, dann in seinem Herzen, und nach einer Weile nahm er seine Umgebung nicht mehr wahr.

Plötzlich schreckte er auf und öffnete die Augen. Draußen war es dunkel geworden. Bei der Tür fand er einen Teller mit gekochtem Reis, einem Apfel und einer Flasche Wasser. Er aß und trank mit Appetit und schlief bald darauf ein.

Am nächsten Morgen fing er mit dem vom Guru vorgeschriebenen Programm an. Die Wochen vergingen und allmählich fühlte der junge Mann, dass er vollkommenen inneren Frieden erlangt hatte, nur Frieden. Er hatte nur eine ungenaue Vorstellung von der Zeit, die inzwischen vergangen war, aber eines Tages glaubte er, dass er so weit war, also verließ er seine Hütte, um den Guru aufzusuchen.

Ziemlich bald traf er den Guru und sprach ihn mit diesen Worten an: „ Meister, ich fühle mich jetzt völlig in Frieden und bitte Euch, mir nun, wie Ihr es versprochen habt, Moksha zu gewähren." „Gewiss", antwortete der Guru „das ist möglich! Aber jetzt, wo du dich innerlich gereinigt fühlst, musst du auch äußerlich gereinigt sein. Geh zum Fluss und nimm ein Bad, wasch auch deine Kleidung und wenn du dich innerlich und äußerlich komplett sauber fühlst, komm zu mir, dann werde ich dir Moksha geben."

Bereitwillig befolgte der junge Mann die Anweisungen des Gurus. Er ging zum Fluss, nahm dort sein Bad und wusch gründlich seine Kleidung. Als diese getrocknet war und er sich die Haare gekämmt hatte, fühlte er sich bereit, den Guru wieder aufzusuchen. Einige Zeit später konnte er ihn in einiger Entfernung erblicken. Sein Herz klopfte heftig. Gung gadi gung, bum bum! Jetzt war er kurz vor der Erfüllung seiner Träume. Moksha!

Auf seinem Weg zum Guru musste er an einem Schuppen vorbeilaufen. Hinter diesem Schuppen sprang plötzlich einer der Straßenfeger des Ashrams hervor. Auf vorherige Anweisung des Gurus schüttete er den ganzen Eimer voller Dreck über dem Kopf des nichts ahnenden jungen Aspiranten aus. Darauf geriet der junge Mann völlig außer sich und schrie den Feger an: „Was machst du denn? Was soll das? Völlig grundlos hast du mich ganz dreckig gemacht, jetzt kann ich wieder von vorn anfangen." Er erhob die Hand und wollte gerade einen Fausthieb auf den Feger landen, als der Guru auftauchte und sagte: „Junger Mann, so viel zu deinem inneren Frieden. Geh in deine Hütte und nimm dir die Pflichten vor, die ich dir verordnet habe. Bete und komm erst zu mir zurück, wenn du ganz sicher bist, dass nichts mehr deinen Frieden stören kann!"

In der Erkenntnis, dass er tatsächlich seinen Frieden völlig verloren hatte, ging der junge Mann schweigend in seine Hütte und nahm seine spirituelle Disziplin wieder auf.

Die Tage vergingen, aus Wochen wurden Monate und endlich fühlte der junge Mann sich bereit. Er verließ seine Hütte, um den Guru aufzusuchen. Voller Demut näherte er sich dem Guru mit den

Worten: „Meister, ich glaube, dass ich jetzt fest im Frieden bin. Was ist Euer Auftrag?" Der Guru schaute den jungen Mann mit einem mitfühlenden Lächeln an und sagte: „Junger Mann, wie beim letzten Mal, geh zum Fluss, nimm ein Bad, wasch deine Kleider und komm zu mir zurück."

Der junge Mann folgte den Anweisungen des Gurus mit großer Sorgfalt. Als er dann sauber und friedlich aussah, ging er noch einmal zu dem heiligen Mann. Wieder sprang der Straßenfeger hinter dem Schuppen hervor und schüttete einen Eimer voll Dreck über den jungen Suchenden. Seelenruhig wischte er den Schmutz aus dem Gesicht und von seiner Kleidung, wieder nahm er ein Bad und wusch seine Kleidung. Wieder wurde er von einem Straßenfeger und einem Eimer voll Dreck empfangen und wieder kehrte er zum Fluss zurück, um sich und seine Kleider zu waschen. Das dritte Mal sprangen gleich drei Straßenfeger auf ihn zu und schütteten ihren aufgefegten Schmutz über den jungen Aspiranten. Dem wurde das diesmal zu viel und er schrie sie an: „Was ist denn in euch gefahren? Warum habt ihr nichts anderes im Sinn, als mir alles kaputt zu machen? Hab ich jemals irgendeinem von euch etwas Böses getan?" Er steigerte sich in Rage und fing an, Schimpfworte zu benutzen. Gerade da erschien der Guru auf dem Plan. Er schüttelte missbilligend den Kopf und zeigte auf die Hütte, wo der junge Mann bereits Monate in spiritueller Disziplin verbracht hatte und sagte: „Geh zurück und übe weiter dein tägliches Programm! Das nächste Mal werde ich dich rufen, wenn ich denke, dass du bereit bist[31]." Mittlerweile hatte der junge Aspirant wirkliche Demut entwickelt. Er war gar nicht mehr so sehr daran interessiert, Befreiung zu erlangen. Er lebte im Augenblick und befolgte die Befehle des Heiligen, ohne nachzufragen oder sich zu

---

31. In spirituellen Begriffen bezeichnet „bereit sein" einen Bewusstseinszustand.

beklagen. Monate vergingen und wurden zu Jahren. Der junge Mann war ziemlich glücklich und was auch geschah, er blieb gelassen.

Eines Tages rief ihn der Guru und sagte: „Die Zeit ist um. Bist du bereit?" Der junge Mann nickte. „Dann", fuhr der Guru fort, „geh zum Fluss, nimm dein Bad und wasch deine Kleider und dann komm zu mir."

Der junge Mann tat, was ihm gesagt wurde. Dreimal traf er auf die Straßenfeger, ohne seine Fassung zu verlieren. Beim vierten Mal hatte der Guru alle Ashram-Straßenfeger zusammengerufen, ihren Schmutz auf den jungen Mann zu werfen. Mitten in dem ganzen Dreck blieb der junge Mann ruhig und still. Er wischte sich bloß den Schmutz vom Gesicht und neigte mit gefalteten Händen den Kopf und sprach mit sanfter Stimme zu den Straßenfegern: „Danke euch Brüder, ihr seid meine Lehrer." In dem Moment erschien der Guru, erhob seine Hand in segnender Geste und sagte: „Du hast die Prüfung bestanden und bist durch dein eigenes Bemühen vom Gesandten in die Einheit fortgeschritten. Ich segne dich, ich segne dich." Der junge Mann fiel dem Guru zu Füßen, jetzt in der Gewissheit, dass sein ganzes Wesen reine Liebe und Licht ist.

„Zuerst bist du im Licht
dann ist das Licht in dir
schließlich bist du das Licht."
Sathya Sai Baba über die Lichtmeditation

Die Schritte auf dem spirituellen Weg erklärend, bezieht sich Sathya Sai Baba auf Jesus Christus, der zuerst bekanntgab: „Ich bin von Gott gesandt", später sagte er: „Ich bin der Sohn Gottes" und schließlich verkündete er: „Der Vater und ich sind Eins."

45. Das Hemd eines glücklichen Mannes

Es war einmal

ein König, der alles hatte, was ein Mensch sich nur denken kann: Reichtum, eine gute Ehefrau, Kinder, Ruhm, Macht und Gelehrsamkeit, aber er war überhaupt nicht glücklich. Er fühlte sich deprimiert, konnte aber keinen Grund dafür finden. So konsultierte er seinen Premierminister und mehrere Weise, ohne einen guten Rat zu erhalten, der ihm geholfen hätte. Er hatte die Hoffnung fast aufgegeben, als er eines Tages einem wandernden Rishi, den der Weg zum Palast geführt hatte, von seiner Traurigkeit erzählte. Der Rishi lächelte und sagte: „Eure Majestät, das ist kein großes Problem. Ich weiß, was da zu machen ist. Ihr müsst bloß einmal ein Hemd[32] tragen, das Hemd eines wahrhaft glücklichen Menschen, dann ist eure Traurigkeit vorbei." Der König war sehr erfreut, das zu hören. Sofort beschloss er, dem Rat des Rishis zu folgen, befahl seinen Männern, einen glücklichen Mann zu suchen und ihm sofort darüber zu berichten. Leider, leider, leider zeigte sich, dass es keine leichte Aufgabe war, solch einen Mann zu finden. Und wieder war

---

32. In einer anderen Version der Geschichte besteht der gute Rat darin, dass der König eine Nacht in dem Bett eines glücklichen Mannes schlafen muss.

der König im Begriff, alle Hoffnung aufzugeben, als eines Tages sein Barbier sagte: „Eure Majestät, ich habe gehört, dass es in einem Wald, ganz in der Nähe, einen Sadhu gibt, von dem gesagt wird, er sei immer sehr, sehr glücklich. Es wird von ihm behauptet, dass er der glücklichste Mann im ganzen Königreich sei."

Das waren wirklich gute Nachrichten. Am nächsten Tag verließen der König und sein Barbier in Verkleidung den Palast und machten sich auf den Weg zum nahegelegenen Wald. Einen Holzsammler mussten sie nach dem Weg zu dem Einsiedler fragen. Glücklicherweise kannte er den, so dass sie nach einigen Meilen an einer kleinen Hütte ankamen. Aufgeregt klopfte der König an die Tür – keine Antwort. Nach mehrmaligem Klopfen ging der König einfach hinein. Drinnen war es ziemlich dunkel und es dauerte eine ganze Weile, bis sich die Augen des Königs an die Dunkelheit in der Hütte gewöhnt hatten. Aber nach einer Weile konnte er den Bewohner der Hütte sehen. Nur mit einem Lendentuch bekleidet saß er da – in tiefer Meditation. Was den König wirklich beeindruckte, war das Glühen des göttlichen Friedens und die Glückseligkeit, die aus der Haltung des Einsiedlers ausstrahlten. So sehr beeindruckte es ihn, dass er auf dem Boden niederknien musste, die Füße dessen zu berühren, der niemand geringeres sein konnte, als ein Heiliger.

Diese Berührung ließ den Heiligen sofort die Augen öffnen und auf den König blicken. Der bloße Blick schickte Schauer der Glückseligkeit durch jede Faser des königlichen Seins und wieder verneigte sich der König. So sehr war er erregt und vom Schauer des Augenblicks überwältigt, dass er nicht ein einziges Wort äußern konnte. Aus einem Gespür für den Zustand des Königs erzählte jetzt der Barbier die ganze Geschichte und endete mit dem Satz: „So bittet Euch Seine Majestät nur, ihm Euer Hemd zu geben." Als der Heilige diese seltsame Bitte hörte, lachte er und antwortete mit sanfter melodiöser Stimme: „Mein Freund, gerne würde ich dir mein Hemd geben, aber wie du siehst, ist das Lendentuch alles, was ich trage."[33]

Diese Worte aus dem Munde des Heiligen öffneten dem König die Augen. In dem Augenblick und auf der Stelle erkannte er, dass er alles hatte, was die Welt zu bieten hat und doch nicht glücklich war. Er verstand, dass glücklich zu sein nichts mit weltlichem Besitz zu tun hat und nur aus dem eigenen tiefsten Inneren kommen kann. Der König verneigte sich vor dem Weisen und verließ die bescheidene Hütte in Begleitung des Barbiers. Auf dem Rückweg freute sich der König über die Stille und den Frieden im Walde und über das Flüstern des Windes in den Bäumen und das glücklichen Zwitschern der zahllosen Vögel. Glücklich und zufrieden und mit einem von wohlwollendem Lächeln erhellten Gesichtsausdruck flüsterte der König dem Barbier zu: „Jetzt bin ich glücklich und werde es in alle Zukunft bleiben, glücklich, glücklich, glücklich."

Das Lied „Froh zu sein bedarf es wenig und wer froh ist, ist ein König" kann nach dieser Geschichte gesungen werden. Innerhalb dieser Geschichte könnte auch eine Gelegenheit zur Meditation geboten werden, um zu sehen, ob es möglich ist, den Frieden und die Seligkeit zu finden, die von dem Heiligen ausstrahlten. Gab es einen Grund dafür, dass der König dreimal „glücklich" wiederholte? Die Geschichte kann auch als Grundlage für ein Theaterstück dienen. Ein Rollenspiel könnte mit der Frage entwickelt werden: „Was geschah, als der König in seinen Palast zurückkehrte?" Kinder könnten aus der Geschichte Szenen zeichnen oder malen oder als Puppenspiel darstellen etc. „Was bemerkst / fühlst du, wenn du durch den Wald gehst?", könnte das Thema für ein Gruppengespräch sein.

---

33. In der anderen Version der Geschichte stellt sich heraus, dass der glückliche Mann kein Bett besitzt, sondern auf dem Boden schläft!

46. Der junge Mann
und der Flaschengeist

Es war einmal
ein junger Mann, der ein kleines Stück Land besaß. Mit harter Arbeit brachten die Erträge aus dem Land gerade so viel, dass er damit seinen Lebensunterhalt bestreiten konnte, wenn er außerdem noch Gelegenheitsarbeit in dem nahegelegenen Dorf fand.

Eines Tages, beim Pflügen auf dem Feld, stieß er auf etwas Hartes. Das erregte seine Neugier, und durch sorgfältiges Graben konnte er eine alte Flasche freilegen. Er reinigte sie mit Wasser und aus dem Inneren der Flasche hörte er eine Stimme rufen: „Lass mich heraus! Lass mich heraus! Wenn du mich herauslässt, werde ich dir gut dienen."

„Was ist das denn?", dachte der junge Mann. Die Stimme hatte etwas von „ihm gut dienen" gesagt. „Ich werde es tun", dachte er und mit einiger Anstrengung öffnete er die Flasche.

Sofort entströmte dem Flaschenhals eine Riesenwolke, so groß, dass der junge Mann kaum sehen konnte, wo sie aufhörte. Allmählich nahm die Wolke die Gestalt eines Flaschengeistes an, der auf den kleinen Mann mit der Flasche in der Hand herabschaute.

„Meister!", brüllte eine laute Stimme, „da du mich aus meinem Gefängnis herausgelassen hast, werde ich dir dienen. Ich werde alle deine Wünsche erfüllen. Aber ich muss dich warnen. Du musst mich die ganze Zeit beschäftigen. Wenn du mich faulenzen lässt, werde ich dich ohne Zögern verschlingen."

„Mach dir keine Sorgen!", sagte der junge Mann, „ich habe so viele Wünsche, dass ich dich die ganze Zeit beschäftigen kann."

„Nun", sagte der Flaschengeist, „lass uns zur Sache kommen. Was ist dein erster Befehl?"

„Gut", sagte der junge Mann, „zuerst will ich einen großen Palast mit 108 Zimmern, jeder Menge Badezimmern, einer großen vollausgestatteten Küche und einer kompetenten Belegschaft, die mir 24 Stunden am Tag zu Diensten ist."[34]

Sofort war der Palast da!

„Wow, jetzt geht's los", sagte der junge Mann, „aber keine Sorge, ich habe noch viel mehr Wünsche. Um den Palast herum will ich einen riesigen Park, große, alte Bäume, Büsche und Blumenbeete. Etwas Schönes, Prächtiges." Und sofort erscheint der Park!

„Und jetzt will ich eine moderne, vierspurige Autobahn von der Stadtmitte zum Palast, so dass meine Gäste leicht hierher kommen können." Im Stillen dachte der junge Mann: „Ich weiß, dass es Jahre dauert, auch nur eine Meile solch einer Autobahn zu bauen, und vierzig Meilen sind es bis in die Stadt." SOFORT erscheinen vierzig Meilen Autobahn. „Alles richtig! Jetzt hör mir mal genau zu, mein guter Flaschengeist", sagte der junge Mann. „Ich will jetzt einen Fuhrpark mit den besten Autos, die es gibt: einen Mercedes, einen Bugatti, einen Lotus, einen Lexus, einen Alfa Romeo, einen Jagu-

---

34. Hier kann der Erzähler die Zuhörer um Unterstützung bitten, in der Weise, dass sie mit den Fingern schnipsen, wenn er ihnen ein Zeichen gibt.

ar, einen Bentley, einen Porsche und Garagen mit automatischen Schwingtoren sowie Fahrer für alle Wagen in richtiger Uniform."

Das sollte ihn jetzt wohl für eine Weile beschäftigt halten, dachte der junge Mann. SOFORT erscheinen die Autos, die Garagen und die Fahrer.

Nun begann der junge Mann allmählich, sich Sorgen zu machen. Da er aber nicht dumm war, kam ihm eine geniale Idee. „Hör zu", sagte er zu dem Flaschengeist, „jetzt will ich, dass du mir einen ganz hohen, schlanken Turm baust, der bis in den Himmel reichen muss, und wenn du mit dem Bauen fertig bist, will ich, dass du den ganzen Weg bis ganz oben in die Spitze des Turmes kletterst. Wenn du oben angekommen bist, will ich, dass du den ganzen Weg wieder hinunterkletterst und dann wieder hinauf. Rauf und runter. Dies machst du, bis ich dich wieder brauche und dich rufe." Sofort erscheint der Turm und der Flaschengeist hat keine andere Wahl, als hinauf- und hinunterzuklettern, wie der Meister es befohlen hat.

An die Zuhörer kann die Frage gerichtet werden, wer der Flaschengeist ist, und was das Rauf- und Runterklettern bedeutet.

47. Sokrates und Xanthippe

Vor langer, langer Zeit
saß der griechische Philosoph Sokrates allein in Meditation. Seine
Frau Xanthippe rief, das Essen sei fertig, aber Sokrates reagierte
nicht. Da ging Xanthippe in den Raum, in dem Sokrates meditierte
und verkündete sehr laut, dass das Essen warte. Immer noch nahm
Sokrates keine Notiz von den Bemühungen seiner Frau.

Xanthippe versuchte es ein drittes Mal und schrie ihren Ehemann
wirklich an. Als immer noch keine Reaktion erfolgte, nahm sie einen
Eimer voll Wasser. Ganz nah ging sie zu ihm und schüttete ihm das
ganze Wasser ins Gesicht, mit den Worten: „Vielleicht kannst du
mich ja jetzt hören."

Sokrates öffnete die Augen, wischte sich das Wasser ab und kommentierte leise: „Nun, so ist es. Nach dem Gewitter kommt der
Regen!"

Der Wert GEWALTLOSIGKEIT

und entsprechende Geschichten

Der Wert **Gewaltlosigkeit** bezeichnet das tiefe Verständnis einer menschlichen Grundeigenschaft. Gewaltlosigkeit bedeutet, spirituelle Werte zu verstehen und zu praktizieren, das heißt, manifestieren, was Liebe wirklich ist und was sie auf allen Ebenen bedeutet. „ Ich weiß – also bin ich!"

Einige wichtige, praktische Aspekte der Gewaltlosigkeit sind:

* Die Verwirklichung von Einheit
* Mich selbst und andere nicht verletzen, weder in Gedanken noch in Worten oder Taten
* Den Anderen als mein Selbst verstehen
* Verstehen, dass alles Reaktion, Reflektion und Widerhall ist
* Verstehen, dass andere die vielen Reflektionen meines Selbst sind

48. Die welke Blume

Vor langer, langer Zeit
versammelte ein Guru (spiritueller Lehrer) seine Jünger um sich und sagte: „Morgen ist ein sehr heiliger Tag. Wir werden den lieben Gott feiern. Ich möchte, dass ihr alle nach draußen geht und etwas sucht, das seiner würdig ist, um es ganz früh morgens auf seinen Altar zu legen. Also geht entweder allein oder zu zweit, wie ihr wollt, und kommt mit eurem Beitrag vor Einbruch der Dunkelheit zurück." Sofort machten sich die Jünger auf, um etwas Schönes und dem geliebten Herrn Würdiges zu suchen.

Am frühen Abend kamen sie, einer nach dem anderen, wieder in den Ashram zurück. Manche brachten schöne Blumen, die in prächtigster Weise arrangiert worden waren. Andere brachten Körbe voll köstlicher Früchte und Nüsse. Wieder andere brachten edle Öle mit, die wunderbar dufteten und einer brachte ein hübsches Seidentuch für die Dekoration. Ein Beitrag war schöner als der andere und der Guru war sehr erfreut. Doch ein junger Mann war noch nicht zurückgekehrt. Wegen seiner frommen und edlen Natur und seiner unermüdlichen Bemühung, den göttlichen Lehren zu folgen, war er der Lieblingsjünger des Gurus. Ständig hielt der Guru in der Abenddämmerung Ausschau, wann der junge Mann zurückkäme, wollte er doch gerne sehen, was er mitbringen würde.

Schließlich, als der Tag an seinem Ende angelangt war, erschien der junge Mann. In seiner rechten, zur Faust geballten Hand hielt er etwas Kleines verborgen. Als er vor den Guru kam, sagte er: „Meister, Felder und Wälder habe ich durchstreift, um der Natur edelstes Juwel zu finden, das ich als meinen Beitrag bringen könnte. Jedoch war alles im Gebet vertieft und ich konnte die Bäume, die Büsche, die Früchte und Blumen nicht stören. Da setzte ich mich hin und fing an zu beten, als ich plötzlich eine leise Stimme hörte. Ich schaute mich um und stellte fest, dass diese Stimme von einer kleinen Blume kam. Die sagte: ‚Ich weiß, warum du hier bist. Ich bin gerade dabei, mein letztes Gebet zu beenden, in dem Moment, in dem ich damit fertig bin, kannst du mich mitnehmen.‘ Ich wartete und als die kleine Blume ihren Kopf senkte, konnte ich sehen, dass sie ihr Gebet beendet hatte. Ich pflückte sie und hier ist sie." Er öffnete seine Faust und darin lag das schönste, kleine Veilchen, ein verwelktes Veilchen.

Vor Freude zu Tränen gerührt nahm der Guru die kleine, verwelkte Blume und sagte: „Mein Sohn, du hast das edelste Geschenk mitgebracht. Wegen deiner selbstlosen Liebe hat diese Blume zu dir gesprochen und sich selbst zum Pflücken dargeboten. Du hast wahrhaftig gezeigt, dass du das heilige Prinzip der Gewaltlosigkeit verstanden hast. Deshalb wird diese Blume den Ehrenplatz auf dem Altar haben."

49. Die Kobra
und die unartigen Kinder

Es war einmal
ein Dorf, in weiter Ferne, in dem die Kinder gerne auf den Wiesen der Umgebung spielten. Die Erwachsenen waren sehr glücklich darüber, denn das bedeutete Frieden und Ruhe im Dorf. Auf einer Wiese stand ein alter Banyanbaum, den viele für heilig hielten, und unter dem Baum lebte eine giftige Schlange, eine alte Kobra. Die Schlange fühlte sich durch den Lärm der Kinder gestört, so kam sie heraus, um sie zu beißen. Es dauerte nicht lange, da waren die Kinder so verängstigt, dass sie sich nicht mehr trauten, auf die Wiese spielen zu gehen. Deshalb blieben sie im Dorf, sehr zum Ärger vieler Erwachsener, die den Lärm spielender Kinder überhaupt nicht gern hatten.

Eines Tages kam ein berühmter Weiser in eben dieses Dorf, und während seines Aufenthaltes dort beklagten sich viele Dorfbewohner über die teuflische Schlange, die ihre Kinder vom Spielen auf der Wiese abschreckte. Der Weise sagte, er würde das Problem lösen und fügte hinzu, dass sie nächste Woche die Kinder sicher wieder zum Spielen auf die Wiese schicken könnten.

Der Weise ging jetzt zu der Wiese und stellte sich vor den Banyanbaum. Mit sanfter Stimme rief er die Schlange: „Schlange, komm doch hervor, ich würde gern mit dir sprechen." Kurze Zeit später kam die

Schlange hervor. Der Weise wusste, wie man mit Schlangen kommuniziert, und er tadelte die Schlange: „Warum bist du so bösartig und beißt die Kinder?" Die Schlange antwortete: „Ich habe hier keinen Frieden, weil die Kinder dort solchen Lärm machen." Der Weise antwortete: „Aber Frieden findest du doch nicht im Außen. Frieden findest du nur in dir selbst." Der Weise fuhr fort, der Schlange zu erzählen, dass sie nur tief in ihrem Innern Frieden und Liebe finden würde. Nur indem sie sich nach innen wende, würde die Schlange Frieden, Zufriedenheit und die Erkenntnis ihrer wahren Identität finden. „Das Beste", so fügte der Weise hinzu, „ist es, den Namen des Herrn ständig zu wiederholen, um in Frieden zu sein." Er gab der Schlange das richtige Mantra zum Üben: „OM NAMAH SHIVAYA." Der Weise ermahnte die Schlange, sich von den lauten Kindern nicht irritieren und ärgern zu lassen, stattdessen solle sie sich die ganze Zeit auf ihr Mantra konzentrieren, und er fügte hinzu: „Beiß nicht mehr, sei eine gute Schlange, die unter dem heiligen Baum lebt. Das ist in der Tat deine wahre Identität. Sprich mir nach: ‚OM NAMAH SHIVAYA.' Und spüre die Kraft dieser heiligen Worte." Die Schlange wiederholte: „OM NAMAH SHIVAYA" und versprach, die ganze Zeit das Mantra zu wiederholen. Bevor der Weise ging, sagte er: „Ich werde nach einiger Zeit wiederkommen und schauen, wie es sich für dich entwickelt hat. Die Kinder werden nächste Woche, und danach jeden Tag, wieder hier spielen, da wirst du für deine Fähigkeit, nach innen zu gehen und dich zu konzentrieren, reichlich Übungsgelegenheit finden."

In der nächsten Woche und danach jeden weiteren Tag kamen die Kinder zum Spielen auf die Wiese. Gelegentlich kam die alte Schlange heraus und schaute den Kindern beim Spielen zu und wiederholte dauernd das Mantra „OM NAMAH SHIVAYA". Allmählich fühlte sie sich friedlich. Die Kinder bemerkten, dass die Schlange nicht mehr bösartig war, und jedes Mal, wenn die Schlange sich zeigte, wagten sie sich näher heran. Einige der Jungen waren sehr kühn und berührten die Schlange sogar. Auch dabei blieb die Schlange friedlich und wiederholte die heiligen Worte „OM NAMAH SHIVAYA". Einige der älteren – und sehr frechen – Jungen nutzten die freundliche Natur der Schlange aus und nahmen sie beim Schwanz, schwangen sie im Kreis herum und ließen sie fliegen, soweit sie nur konnten. Andere nahmen sie auch beim Schwanz und schlugen sie gegen den Banyanbaum. Die Schlange aber blieb still und wiederholte einfach: „OM NAMAH SHIVAYA." Nach einiger Zeit sah die alte Schlange sehr mitgenommen aus und hatte überall Wunden und Kratzer. Es wurde schwierig für sie, aus ihrem Loch unter dem Banyanbaum herauszukommen und immer öfter kam sie nur noch des Nachts heraus, wenn die Kinder schon weg waren. Aber Schlangen lieben den Sonnenschein und genießen es, in der Sonne zu liegen und die Wärme der Sonnenstrahlen zu spüren. So konnte die Schlange bei sonnigem Wetter manches Mal nicht widerstehen – aber die ungezogenen Jungen erspähten sie bald und begannen ihr böses Spiel.

Nach einiger Zeit kehrte der Weise in das Dorf zurück. Wie versprochen ging er zu der Wiese und rief die Schlange in ihrem Loch unter dem Banyanbaum. Als er die alte Schlange sah, wie sie sich schwer verletzt und kaum bewegungsfähig aus ihrem Loch mühte, rief er aus: „Oh Schlange, was in aller Welt ist denn mit dir geschehen?" Die Schlange erwiderte: „Die gottlosen Jungen waren das, Meister. Sie benutzen mich als Spielzeug, werfen mich in der Gegend herum und schlagen mich nur aus Spaß an der Freude. Aber ich habe immer weiter das Mantra wiederholt, das Ihr mir gegeben habt. Nichts kann mich mehr stören, und ich bin wahrhaft in Frieden." Der Weise schaute die Schlange lange an und rief aus: „Du dumme alte Schlange! Warum hast du so mit dir umgehen lassen? Ich habe dir gesagt, dass du nicht beißen sollst, aber ich habe nie gesagt: ‚Du darfst nicht **zischen!**'"

50. Sieh Gutes, tue Gutes, sei gut

Vor langer, langer Zeit
wanderte Buddha mit seinen Jüngern durch die Lande. Er war unterwegs zu einem entlegenen Dorf, das er besuchen wollte. Am Wegesrand sah er den toten Körper einer Katze liegen. Der Anblick war ziemlich abstoßend. Vögel hatten sich bereits drüber hergemacht. Das Innere der Katze war schon sichtbar und ein Schwarm schwarzer Fliegen summte um ihn herum. Den Jüngern gefiel der Anblick nicht, und sie dachten, dass sie ihrem Herrn diesen, wie sie meinten, entsetzlichen Anblick ersparen müssten. Deshalb liefen sie so, dass der Blick ihres Herrn nicht von dem Bild des Kadavers gestört werden konnte.

Jedoch sah Buddha die tote Katze sofort und bemerkte lächelnd: „Schaut, welch schöne Zähne sie hat!"[35]

---

35. Diese Geschichte wird auch von Jesus erzählt.

51. Das unvollständige Opfer

Es war einmal

ein König, dessen bester Freund sein Premierminister war. Egal, was auch passierte, der Premier war immer positiv und friedvoll gestimmt. Er sah mit den Augen der Liebe, erlebte immer nur Gutes, was immer auch passierte. Was den König betraf, so glaubte der, realistischer zu sein als sein Premier. Manchmal aber spürte der König eine leichte Irritation ob der Einstellung seines Premiers, obwohl er das nie zugegeben hätte. Als der König sich eines Tages im Schwertkampf übte, ließ sich ein Unfall nicht vermeiden und dabei verlor er einen Teil seines Zeigefingers. Niemand konnte dafür beschuldigt werden, aber der König war natürlich sehr ungehalten und auch wegen des Schmerzes verärgert. Der Premierminister tröstete den König: „Keine Sorge, wir wissen nicht, warum das geschehen ist. Nichts geschieht ohne Grund. Dieses Ereignis könnte vielleicht auch für etwas gut sein." Der König konnte überhaupt nicht sehen, wofür der Unfall gut sein sollte und ärgerte sich sehr über seinen Freund. Der Premierminister bestand weiterhin darauf, die Dinge positiv zu sehen und wiederholte: „Eure Majestät, wir wissen nicht, ob Euer Unfall tatsächlich schlecht ist. Ich glaube ernsthaft, dass alles Geschehen vorherbestimmt ist. Deshalb muss Euer Unfall einem höheren Zweck dienen, der diesen Fall eventuell noch zum

Glücksfall wenden wird." Als der König dies hörte und da er immer noch Schmerzen hatte, geriet er in Rage und ein Wort ergab das andere. Schließlich rief der König die Wache und befahl: „Werft diesen Mann ins Gefängnis, soll er doch darüber nachdenken, wie positiv es sein kann, dass sein König die Spitze seines Fingers verliert, und wie positiv es für einen Premierminister sein kann, eine Zeit im Gefängnis seiner Majestät zu verbringen."

So war der Premierminister ins Gefängnis geraten, weil der König in seinem Herzen keinen Weg finden konnte, ihm seine Denkweise zu vergeben.

Eine Woche später ging der König mit seinem Gefolge auf die Jagd. Normalerweise wäre jetzt sein Premierminister an seiner Seite geritten, aber da dieser im Gefängnis war, ritt der König allein an der Spitze seiner Jagdgesellschaft. Während der Jagd gerieten sie tief in den Wald. Bei der Verfolgung eines prächtigen Rothirsches war er vor lauter Jagdfieber so schnell geritten, dass er den Rest der Jagdgesellschaft weit hinter sich zurückgelassen hatte. Als der König schließlich bemerkte, dass er allein war, hielt er an, aber genau in dem Augenblick bemerkte er auch, dass er von einem Stamm Waldbewohner umzingelt worden war. Mit Waffen in den Händen zwangen sie den König, mit ihnen zu reiten. Nach ein paar Stunden, in denen sie immer tiefer in den Wald hinein geritten waren, kamen sie an einen Ort, wo Lehmhütten standen, die von Palisaden umgeben waren. Der König wurde in eine der Hütten geworfen und von zwei Wächtern bewacht. Es wurde bald offenbar, dass dieser Stamm ihn als Opfer ausersehen hatte, um die Götter zu besänftigen. Zu diesem Zweck, so glaubten sie, sei dieser stattliche König ihnen geschickt worden. Als dem König klar wurde, welche Absicht mit seiner Gefangenahme verbunden war, verbrachte er eine schlaflose Nacht. Am Morgen brachten ihn die Wächter zu einem offenen

Platz mit dem Opferaltar. Sie fesselten ihn und ihr Schamane kam mit einem großen Messer auf ihn zu. Er schaute sich den König an und untersuchte ihn gründlich. Als er die fehlende Fingerspitze bemerkte, wurde er ungehalten und es folgte eine lange Diskussion. Es stellte sich heraus, dass nach dem Glauben dieses Stammes einzig ein perfektes Exemplar Mensch geopfert werden dürfe, und die fehlende Fingerspitze machte den König für den vorgesehenen Zweck völlig ungeeignet. Schließlich wurde entschieden, den König freizulassen, aber sein Pferd musste er dort lassen. Mit einigen Schwierigkeiten fand der König seinen Weg nach Hause. Ohne Pferd brauchte er drei Tage, bevor er einen Ort erreichte, wo man ihn kannte und er ein Pferd borgen konnte.

Als er zu seinem Palast zurückgekehrt war, war des Königs erste Handlung, zum Gefängnis zu gehen und seinen hochgeschätzten Premierminister freizulassen. Er sagte zu ihm: „Lieber Freund, ich habe dir eine leidvolle Ungerechtigkeit angetan. Du hast erwiesenermaßen Recht. Hätte ich nicht meine Fingerspitze verloren, hätten mich die Waldbewohner, die mich gefangen haben, als ich im Wald den Weg verloren hatte, ihren Göttern geopfert. Es sieht wirklich so aus, als ob du in allem Recht hast. Ich bedaure aufrichtig, dass du diese Zeit im Gefängnis verbringen musstest." Der Premierminister wurde neugierig und wollte wissen, was geschehen war. So erzählte der König ihm die ganze Geschichte. Nachdem er aufmerksam zugehört hatte, sagte der Premierminister: „Eure Majestät, sogar mich ins Gefängnis zu schicken, war ein großer Segen." „Wieso das?", fragte der König. „Eure Majestät", erklärte der Premierminister, „hättet Ihr mich nicht ins Gefängnis geschickt, wäre ich auf der Jagd an Eurer Seite geritten, nicht wahr?" „Ja, natürlich wärest du das", sagte der König, „du bist mein Freund und Vertrauter. Du reitest doch immer an meiner Seite." „Ja", so schloss der Premierminister, „aber seht Ihr denn nicht, wenn ich an Eurer Seite geritten wäre, hätten die Waldbewohner auch mich gefangen, und da sie Euch wegen der fehlenden Fingerspitze nicht als Opfer verwenden konnten, hätten sie mich ganz sicher als Ersatz genommen. Also seht Ihr, durch meinen Gefängnisaufenthalt habt Ihr mir unabsichtlich das Leben gerettet." [36]

---

36. Eine ähnliche Geschichte erscheint in „Divine Stories", Vol I, unter dem Titel „Blessing in disguise".

52. Wer weiß, was gut
und was schlecht ist

Es war einmal

ein Bauer, der lebte zusammen mit seinem einzigen Sohn, da seine
Frau bereits gestorben war. Die beiden hatten ein Pferd, einen starken
Hengst. Die drei konnten kaum ihren Lebensunterhalt erarbeiten,
obwohl sie jeden Tag von Sonnenaufgang bis Sonnenuntergang hart
arbeiteten.

Eines Nachts wurde diese Gegend von einem heftigen Gewitter
heimgesucht und ein besonders lauter Donnerschlag erschreckte
das Pferd so sehr, dass es über den Zaun sprang und in der Nacht
verschwand. Der nächste Morgen zeigte Vater und Sohn, dass ihnen
das Pferd entlaufen war. Sie begannen nach ihm zu suchen. Der
starke Hengst hatte ihnen viele Jahre gut gedient, und so war eine
besondere Bindung zwischen den dreien, dem Vater, dem Sohn und
dem Pferd, gewachsen. Jedoch, das Pferd war nirgends zu finden.

Jetzt kamen alle Nachbarn und schauten bei dem Bauern herein
und sagten: „Oh du Armer, jetzt hast du auch noch dein einziges
Pferd verloren. Wie wirst du nun zurechtkommen?" Aber der Bauer
beklagte seinen Verlust nicht. Er blieb ruhig und gelassen. Er schaute
einfach in den Himmel, hob die Hände, Handflächen aufwärts, und

sagte: „Wer weiß denn schon, was gut ist und was schlecht? Nur der liebe Gott weiß das."

Einige Monate später, an einem strahlend sonnigen Tag, kehrte der Hengst mit 11 jungen Stuten zum Bauern zurück. Bei Pferden ist das so, sie haben einen Herdentrieb und leben gerne in Herden, immer ein Hengst und eine Herde von Stuten mit ihren Fohlen. Wieder kamen alle Nachbarn herbeigeeilt und riefen aus: „Du musst einer der Auserwählten sein! Zuerst hast du dein einziges Pferd verloren und nun hast du zwölf Pferde und sogar einige Fohlen. Niemand sonst hat so viele Pferde. Ein reicher Mann bist du jetzt." Der Bauer jedoch war kein bisschen stolz. Er behielt seinen Gleichmut, hob die Hände mit offenen Handflächen zum Himmel und sagte ganz ruhig zu seinen Nachbarn: „Wer weiß, was gut und was schlecht ist? Nur der liebe Gott weiß es."

Nun dachte sich der Sohn, die jungen Stuten sollten ihr Futter wert sein und begann, sie systematisch zu trainieren. Das ging soweit ganz gut, bis eines Tages eine der jungen Stuten, vielleicht die wildeste aus der Herde, ihn beim Zureiten abwarf. Der junge Mann fiel so unglücklich vom Pferd, dass er auf seiner Hüfte landete. So schwer verletzte er sich dabei, dass sein Vater ihn ins Krankenhaus in der nächsten Stadt bringen musste. Hier erklärten ihm die Ärzte, sie würden wohl operieren müssen, und das wäre nicht billig. Da verkaufte der Bauer eine seiner Stuten und zahlte. Als er seinen Sohn eine Woche später wieder abholen wollte, sagten ihm die Ärzte: „Tut uns sehr leid, aber wir konnten den Schaden nicht vollständig beheben, Dein Sohn wird wohl für den Rest seines Leben ein wenig hinken!"

So kamen, als sie nach Hause zurückgekehrt waren, die Nachbarn bald zu Besuch und sagten: „Oh du Unglücklicher! Dein einziger Sohn! Nun wird er für den Rest seines Lebens humpeln müssen. So ein netter Junge! Was für ein Unglück!" Aber der Bauer blieb ruhig und gesammelt wie immer. Er hob bloß die Hände mit offenen Handflächen zum Himmel und sagte: „Wer weiß, was gut ist und was schlecht? Nur der liebe Gott weiß das. "

Nach ein paar Monaten brach ein Krieg aus, die Soldaten kamen ins Dorf und holten alle jungen Männer − bis auf den Sohn des Bauern, den mit der Gehbehinderung. Das brachte bald die Nachbarn dazu, hereinzuschauen und dabei sagten sie „Du bist wirklich einer der Auserwählten. Unsere Söhne haben sie alle genommen, nur deinen nicht, weil er hinkt. Was hast du doch für ein Glück." Doch der Bauer blieb gelassen, in Gleichmut wie immer. Und, was glaubt ihr, hat er geantwortet?[37]

---

37. Hier könnte der Erzähler nach oben schauen, seine Handflächen zum Himmel erheben und die Antwort der Zuhörer abwarten.
Diese Geschichte ist eine Tao-Geschichte aus China, obwohl manche sagten, sie käme aus Indien. Sie kann im Prinzip immer weiter gehen. Sie kann dazu benutzt werden, um zu zeigen, wie wenig wir wissen, und auch, um zu zeigen, welchen Vorteil es hat, wenn man im Augenblick lebt, immer sein Bestes gibt und dann den Rest (die Früchte der Handlung) dem Herrn überlässt (Hingabe). Das Leben im Augenblick und das Konzept der Hingabe könnten Diskussionsthemen sein. Natürlich kann die Geschichte auch als Theaterstück aufgeführt werden oder in Bildern gezeichnet und gemalt oder auf manch andere Art nachbereitet und vertieft werden. Sie könnte auch zur Illustration des Wertes Frieden genutzt werden.

53. Der Heilige und der Sünder

Vor langer Zeit

war Anastasius der Abt eines Klosters in Ägypten. In diesem Kloster gab es eine große Bibliothek, die auch sehr seltene Bände und eine alte heilige Schrift enthielt.

Eines Tages kam ein Mönch zu Besuch in dieses Kloster. Er verbrachte einige Zeit in der Bibliothek und bemerkte das heilige Buch. Sofort war ihm der Wert des Buches klar und er konnte der Versuchung nicht widerstehen, das heilige Buch an sich zu nehmen. So nahm er das Buch und lief mit ihm davon.

Der Diebstahl wurde noch am selben Tag bemerkt und es war nicht schwer zu erraten, wer der Dieb war. Aber alle waren überrascht, als Anastasius sich weigerte, jemanden dem Mönch, der das Buch gestohlen hatte, hinterherzuschicken. Anastasius befürchtete, der Mönch könnte leugnen, das Buch genommen zu haben und somit seinem Karma eine weitere Sünde hinzufügen.

In der Zwischenzeit versuchte der diebische Mönch das Buch zu verkaufen. Schließlich fand er einen Käufer, einen reichen Mann, und nannte einen Preis. Der reiche Mann bat ihn, ihm das Buch für einen Tag zu überlassen, um seinen Wert bestimmen zu lassen. Als der Mönch gegangen war, eilte der reiche Mann in das Kloster und zeigte Anastasius das Buch. Augenblicklich erkannte der Abt das Buch, sagte aber nichts über den Diebstahl. „Ein Mönch will mir das verkaufen", sagte der Besucher. „Ich weiß, dass Ihr Euch mit solchen Büchern gut auskennt. Ist das Buch den Preis wert, den er verlangt?", fragte der Besucher und nannte den Preis, den der Mönch verlangt hatte. „Es ist viel mehr wert", erwiderte der Abt, „das ist ein sehr wertvolles Buch."

Der reiche Mann dankte dem Abt und ging. Als am nächsten Tag der Mönch wiederkam, erzählte ihm der reiche Mann, dass er den Wert des Buchs von einem Experten habe bestimmen lassen. Er fügte hinzu, dass er das Buch kaufen wolle und bereit sei, den geforderten Preis zu zahlen. Der Mönch war höchst erfreut.

„Wem haben Sie es denn gezeigt", fragte er.

„Anastasius, dem Abt im Kloster."

Sein Besucher wurde bleich. „Und was hat er gesagt?"

„Er sagte, dass das Buch den Preis wert ist, den Sie haben wollen."

„Und was noch?"

„Nichts."

Der diebische Mönch war sowohl erstaunt als auch tief berührt. Der Abt hatte nicht enthüllt, dass der Mönch das wertvolle Buch gestohlen hatte. Niemand hatte ihm jemals solche Liebe gezeigt. Niemand hatte sich ihm gegenüber bisher so edel verhalten.

„Ich hab´s mir überlegt. Ich will das Buch nicht mehr verkaufen", sagte der Mönch und nahm dem reichen Mann das Buch wieder weg. „Ich gebe Ihnen den doppelten Preis", sagte der reiche Mann. Der Mönch aber schüttelte nur den Kopf und ging.

Er ging direkt zum Abt und mit Tränen in den Augen händigte er ihm das Buch aus. „Behalte es", sagte Anastasius. „Als ich erfuhr, dass du es dir ausgeliehen hast, habe ich beschlossen, es dir zu schenken." „Bitte, nimm es zurück", flehte der Mönch. „Aber lass mich hierbleiben und Weisheit von dir lernen." Seinem Wunsche wurde entsprochen. Er verbrachte den Rest seines Lebens im Kloster und gestaltete sein Leben nach dem Vorbild des heiligen Anastasius.

54. Die Bärenkralle

Es war einmal

ein kleines Dorf irgendwo in Korea. Ein neun Jahre alter Junge, Jen, der in dem Dorf lebte, wollte so gerne ein Krieger sein. Nicht nur Krieger wollte er werden, sondern der beste Krieger im ganzen Land. So ein Krieger musste ein hervorragender Bogenschütze sein. Nachts träumte er davon, ein ausgezeichneter Bogenschütze zu sein, dessen Pfeile immer ihr Ziel fanden. In seinem Traum war er ein Held, aber seine Träume wollte er auch sehr gerne verwirklichen.

In dem Dorf lebte ein weiser Mann, der die Kinder lehrte. Als Dank waren sie ihm auf verschiedene Weise zu Diensten. Jeder Tag begann mit einer Lektion in Geschichte, gefolgt von Mathematik und Musik, und jeder Tag endete mit Unterweisungen in Kampfkunst, einschließlich Bogenschießen. Jen wusste nur zu gut, dass er im Bogenschießen ausgezeichnet werden müsste, wenn er ein wahrer Krieger werden wollte, aber auch nach einem ganzen Jahr Training hatte er noch nicht gelernt, gut zu zielen.

Der weise Mann bemerkte, dass Jen bedrückt aussah, und fragte: „ Sohn, was ist los mit dir?"

„Nichts", erwiderte der Junge.

„Aber etwas hast du doch bestimmt auf dem Herzen", bohrte der weise Mann weiter.

Jens Gesicht hellte sich auf, als er antwortete: „Ich möchte so gerne ein Meisterschütze werden." Dann wurde sein Gesicht traurig und er fügte hinzu: „Aber es scheint so schwierig zu sein." Der weise Mann blickte Jen lange an und war eine ganze Weile still. Dann sagte er: „Ich weiß einen Weg, wie du deinen Traum verwirklichen kannst. Du musst mir nur die Kralle eines lebenden Bären bringen, und wenn du das schaffst, versichere ich dir, dass du der beste Schütze hier im Umkreis wirst."

Jen hatte schon viele Geschichten von der Kraft des weisen Mannes gehört. Man flüsterte, dass er einem sogar Wünsche erfüllen konnte. Aber ihm die Kralle eines lebenden Bären zu bringen! Das würde er niemals schaffen. Von Verzagtheit überwältigt sagte Jen dem weisen Mann auf Wiedersehen und ging.

Jetzt konnte Jen an nichts anderes mehr denken als an die Bärenkralle. Er wanderte in den Hügeln umher und dachte über den Vorschlag des weisen Mannes nach. Wie könnte es möglich sein, einem lebenden Bären so nahe zu kommen, ganz zu schweigen, eine seiner Krallen zu bekommen. Aber er tröstete sich mit dem Gedanken, dass sein Dorf zumindest im Bärenland lag. Er sprach mit sich ganz leise: „Ich weiß, dass die Dorfbewohner hin und wieder wilde Bären gesichtet haben." Ganz in Gedanken darüber versunken, kehrte er heim.

Einige Tage später, als Jen auf einem seiner üblichen Streifzüge durch die Hügel wanderte, war er etwas weiter in die Wälder geraten, als er plötzlich in der Ferne einen großen Grizzlybären sichtete. Jen war klar, dass der Bär auch ihn gesichtet hatte. Jen hatte Angst und wagte nicht, dem Bären noch näher zu kommen. Er setzte sich hin und packte sein Mittagessen aus. Aus dem Augenwinkel sah Jen, dass der Bär sich auch hingesetzt hatte und zu ihm hin sah. Jen blieb still, während die Zeit verging. Schließlich ging die Sonne unter und

Jen nahm all seinen Mut zusammen, aufzustehen und zurück nach Hause zu gehen.

Am nächsten Tag kehrte Jen an denselben Platz zurück, und wer war wohl dort? Ja, der Grizzlybär war auch da. Jen setzte sich still hin. Hin und wieder sah der Bär zu dem Jungen und beide schienen ganz zufrieden, den anderen in Ruhe zu lassen. So wie am Tag zuvor, aß Jen sein Mittagessen und blieb still. Stunden vergingen und in der Dämmerung erhob sich Jen langsam und ging nach Hause.

Einen Monat lang ging das täglich so weiter. Im zweiten Monat wurde Jen mutiger und ging näher an den Bären heran. Der große Grizzly hatte sich an den Jungen gewöhnt und schien nichts dagegen zu haben.

Nach sechs Monaten saßen die beiden nahe beieinander und der Bär fraß Jen buchstäblich aus der Hand. Jen beschloss, es sei nun an der Zeit, dem Bären die „Nägel zu schneiden". Er nahm die Bärentatze in seine Hände und streichelte sie. Es wunderte ihn, dass dies dem Bären nichts auszumachen schien. Tatsächlich sah der große Grizzly etwas schläfrig aus. All seinen Mut zusammennehmend schnitt Jen ganz sachte eine Kralle von der Bärentatze ab.

In der Dämmerung rannte Jen den ganzen Weg zum Haus des weisen Mannes. Der weise Mann bemerkte Jens Freude, nahm die Kralle entgegen und sagte: „Gut gemacht, Jen! Erzähl mir: Wie bist du an die Kralle gekommen?" Fast atemlos antwortete Jen: „Meister, es ist wirklich unglaublich. Es dauerte mehr als sechs Monate, aber in dieser Zeit sind der Bär und ich uns so nahe gekommen, dass ich seine Kralle schneiden konnte." „Mehr als sechs Monate, Jen? Warum hast du so lange gewartet?", fragte der weise Mann Jen. „Meister, Ihr wisst doch sehr gut, dass der Bär ein wildes Tier ist. Es ist nicht leicht, so nah an ihn heranzukommen und sein Vertrauen zu gewinnen. Ich bin jeden Tag in den Wald gegangen und der Bär hat sich an mich gewöhnt, und ich schätze, er hat mir vertraut. Weil ich jeden Tag etwas näher kommen konnte, erlaubte er mir schließlich, ihn zu streicheln. So, glaube ich, konnte ich sein Vertrauen gewinnen, und dann war es kein Problem mehr, seine Kralle zu schneiden." „Sehr gut", antwortete der weise Mann: „Du hast also geduldig länger als ein halbes Jahr gewartet? Dann kannst du jetzt gehen."

Mit Erstaunen schaute Jen den weisen Mann an. Er hatte erwartet, der weise Mann würde jetzt ein Wunder tun. Aber da nichts dergleichen zu geschehen schien, war Jen natürlich sehr enttäuscht. Er rief aus: „Aber Meister, werdet Ihr denn jetzt nichts tun?" Mit einem Lächeln sah der weise Mann Jen an und sagte: „Mein Sohn, die Geduld, die du bei dem großen Bären aufgebracht hast, ist genau das, was du brauchst, um dir zur Meisterschaft im Bogenschießen zu verhelfen."

So einfach war das!

Jen hatte das Geheimnis und die magische Formel begriffen, womit er das werden konnte, was er sich so intensiv gewünscht hatte. Ja, er erkannte jetzt, dass Geduld der geheime Schlüssel zu seinem Traum war.[38]

---

38. Diese koreanische Geschichte habe ich in „Lesson Plans for Education in Human Values, International Edition" gelesen. Dieses Buch ist im Sri Sathya Sai Sadhana Trust, Prasanthi Nilayam, erschienen.

55. Der Skorpion

Es war einmal

ein heiliger Mann, der war unterwegs, um ein Dorf, welches einige hundert Meilen entfernt lag, zu besuchen. Auf halbem Wege zu seinem Ziel kam er an einen See und sah dort einen Jungen am Strand sitzen, der sehr gespannt etwas beobachtete.

Der heilige Mann folgte dem Blick des Jungen auf das, was seine Aufmerksamkeit fesselte, und sah einen Skorpion im Wasser verzweifelt gegen das Ertrinken ankämpfen. Sowie ihm bewusst wurde, welches Unglück den Skorpion gerade zu ereilen drohte, erkannte der heilige Mann, dass auch im Skorpion das Göttliche gegenwärtig ist, und er watete in den See hinein, um den Skorpion ganz behutsam mit eigenen Händen zu retten. Der Skorpion stach ihn sofort und durch den qualvollen Schmerz ließ der heilige Mann den Skorpion wieder ins Wasser fallen. Nach einem tiefen Atemzug hob er den Skorpion wieder mit den Händen aus dem Wasser, und wieder stach ihn der Skorpion, so dass er ihn wieder fallen ließ.

Der Junge, der am Uferrand saß, beobachtete den Verlauf des Geschehens. Ungläubig schüttelte er den Kopf und schrie den heiligen Mann an: „Tun Sie das nicht! Das weiß doch jeder, dass ein Skorpion sticht. Dem ist nicht zu helfen." Aber der heilige Mann nahm von der Warnung des Jungen keinerlei Notiz. Wieder und wieder hob er den Skorpion aus dem Wasser und immer wieder wurde er gestochen. Jedoch schaffte der heilige Mann mit jedem Versuch den Skorpion etwas näher ans Ufer und schließlich konnte er ihn auf das trockene Land setzen. Der Skorpion verschwand sofort im hohen Gras.

Jetzt schaute der Junge den heiligen Mann mit Verwunderung an und sagte: „Ich verstehe das nicht. Dem Skorpion war es bestimmt zu ertrinken. Er ist ihnen nicht im Mindesten dankbar für seine Rettung und Sie wurden gestochen. Ich weiß nicht, wie viele Male. Ich frage mich, wie Sie werden aufstehen können." Mit einem schwachen Lächeln schaute der heilige Mann zu dem Jungen und sagte: „Mein Sohn, für mich ist Helfen und Dienen ganz natürlich, so wie das eigentlich die Pflicht eines jeden Menschen ist. Das solltest du lernen. Und die dem Skorpion eigene Natur ist, zu stechen. Das kann der Mensch nicht ändern. So hat mich der Skorpion auch etwas gelehrt. Was auch immer mir begegnet, ich muss entsprechend meiner inneren Natur, die Liebe und Gewaltlosigkeit ist, handeln."

Mit diesen Worten ging der heilige Mann seines Weges und ließ den Jungen über die Worte und Taten des heiligen Mannes in Ruhe nachdenken.[39]

---

39. Eine ähnliche Geschichte findet man in „Chinna Katha", Vol I, erschienen bei Sri Sathya Sai Sadhana Trust, Prasanthi Nilayam, 1999.

56. Der eingeschriebene Brief

Vor langer, langer Zeit,
als Buddha mit seinen Jüngern wanderte, kamen sie zu einem Dorf, in dem der Oberbürgermeister des Ortes Buddha als einen Ketzer betrachtete, der die Menschen mit seinen Lehren verführte. Der Oberbürgermeister konfrontierte Buddha und beschimpfte ihn mit harschen Worten. Nach langer, bombastischer Rede schloss er mit den Worten, dass Buddha in diesem Dorf nicht willkommen sei.

Die Jünger waren schockiert, als sie diese Anschuldigungen und harschen Worte des Oberbürgermeisters hörten, aber Buddha sagte überhaupt nichts zu seiner Verteidigung. Er hob bloß die Hand und lächelte wohlwollend.

Als sie das Dorf verließen fragten die Jünger Buddha: „Geliebter Herr, die Worte des Oberbürgermeisters haben uns schockiert und entsetzt. Sag uns, lieber Herr, warum hast du nichts gesagt, um zu beweisen, dass er unrecht hat? Dazu gab es allen Grund." Buddha lächelte seine Jünger an und sagte bloß: „Alles, was er gesagt hat, war nicht wahr und betraf mich nicht im Mindesten. Sagt mir, wenn jemand euch einen eingeschriebenen Brief schickt und ihr verweigert die Annahme, wer bekommt ihn dann?"[40]

---

40. Eine ähnliche Geschichte findet man in „Chinna Katha", Vol I, unter dem Titel „Returned with Thanks", erschienen bei Sri Sathya Sai Sadhana Trust, Prasanthi Nilayam, 1990.